TASCHENFÜHRER
DER HUNDERASSEN

Michal Císařovský

TASCHENFÜHRER
DER HUNDERASSEN

Dausien

INHALT

Taschenführer der Hunderassen
Text von Michal Císařovský
Deutsch von Heinz Koblischke
Illustrationen von Jan Hošek
Federzeichnungen von Zdeněk Berger
Fotografien von Michal Císařovský, Martin Smrček, Erich Tylínek, Eduard
Studnička, Vladimír Doležal
Graphische Gestaltung von Markéta Tichá

© 1997 AVENTINUM NAKLADATELSTVÍ, s.r.o., Prag
© 1997 der deutschen Ausgabe bei Verlag Dausien, Hanau

VERLAG WERNER DAUSIEN • HANAU
ISBN 3-7684-2727-7
3/28/01/52-01

EINFÜHRUNG

Der Hund als Tierart ist eine ganz außergewöhnliche Erscheinung. Er hat nicht vor dem Menschen existiert und kann nicht unverändert nach ihm weiterleben. Die ältesten Skelettüberreste von Hunden, die deutliche Domestikationsmerkmale aufweisen, wurden im Tal des Flusses Old Crow im nördlichen Yukongebiet in Alaska gefunden und stammen aus der Zeit vor 27 000 Jahren. Die Hunde begleiteten damals die frühen Angehörigen der Gattung Homo, die über die heutige Beringstraße aus Asien nach Nordamerika gelangten. Durch sein Bündnis mit dem Menschen gab der Hund freiwillig seine Unabhängigkeit auf und verzichtete ein für allemal auf seine Verbundenheit mit der Welt der Tiere, in die er nicht mehr zurückkehren kann. Zu seiner Welt wurde die Menschenwelt.

Es läßt sich allerdings auch behaupten, daß der Mensch, der den Hund für sich gewonnen und ihn zu seinem Gefährten gemacht hat, dadurch den vorteilhaftesten Vertrag in seiner ganzen Geschichte geschlossen hat. Der Hund hat ihm in ganz selbstverständlicher Weise eine Gabe angeboten, die er selbst nicht fähig ist, in gleichem Maß zu erwidern: grenzenlose Ergebenheit, Treue, Liebe und Freundschaft.

Ist diese Beziehung zwischen Mensch und Hund beiderseitig — und nur dann ist sie sinnvoll —, stellt der Hund dem Menschen mit dem Aufgebot aller seiner Kräfte seine eigenen Fähigkeiten zur Verfügung. Schon jahrtausendelang begleitet er ihn auf der Jagd, zieht seine Schlitten, hütet seine Schafherden und bewacht sein Haus, verschafft ihm Aufregung bei den Kämpfen in

Arenen und auf Rennbahnen, setzt sein Leben in den Armeen und im Polizeidienst für ihn ein und begleitet ihn, wenn er sein Augenlicht verloren hat. Darüber hinaus ist er unter allen Umständen bemüht, dem Menschen der beste Gefährte und Freund zu sein.

Die Bedeutung, die der Mensch seiner Beziehung zum Hund beimaß, findet ihren Niederschlag schon in den ältesten Kunstwerken der Welt. Darstellungen des Hundes finden sich auf den Höhlenmalereien der vorzeitlichen Jäger sowie auf den Wandmalereien in den Grabstätten der Pharaonen und auf den babylonischen Reliefs. Figuren von Hunden sind aus China aus der Zeit der ältesten Dynastien bekannt und ebenso aus den Kulturen der südamerikanischen Indianer. Assyrische Reliefs zeigen altertümliche Kampfhunde. Im alten Griechenland und Rom zierte der Hund Mosaiken und Skulpturen.

Im Laufe seines jahrtausendealten Zusammenlebens mit dem Menschen hat der Hund sein Erscheinungsbild unzähligemal verändert, und nach den Wünschen des Menschen sind so zahlreiche Formen entstanden, wie sie bei anderen domestizierten Tieren nicht zu finden sind und auch bei vielen anderen Säugern in so großer Mannigfaltigkeit und Unterschiedlichkeit nicht existieren. Heute gibt es mehr als 400 beschriebene und in Standards definierte Rassen. Sie unterscheiden sich durch ihr Aussehen, ihren Charakter, ihr Temperament und ihre Eigenschaften.

Zu den Hunden zählen sowohl der Chihuahua, der oft kaum 500 g wiegt, und der Yorkshire Terrier, als auch der 85 kg schwere Bernhardiner und der Mastiff, der niederläufige Dackel ebenso wie der einen Meter hohe Schot-

Der Beagle ist heute eine beliebte Gesellschaftsrasse, er hat sich gut an das Leben in der Stadt angepaßt. Dennoch ist er immer auch ein Jagdlaufhund.

Der Mastin Español und andere Rassen
erreichen eine ansehnliche Größe.

Der Hund ist unabhängig von der Rasse ein
zuverlässiger Freund des Menschen.

tische Hirschhund. Es gibt bärtige und zottige Rassen, wie der Bobtail, Lhasa Apso oder Skye Terrier, und andere, die fast haarlos sind, wie der Chinesische Schopfhund und der Mexikanische oder Peruanische Nackthund. Die Geschwindigkeit der Windhunde ist sprichwörtlich, die Angehörigen anderer Rassen wiederum wackeln auf kurzen, krummen Beinchen einher.

Neben den jagdlichen Fähigkeiten, die jeder Hund besitzt, ohne Rücksicht auf seine Größe oder seine heutige Zugehörigkeit zu einer bestimmten Gruppe, hat der Mensch beim Hund Anlagen und Fähigkeiten für hochspezialisierte Tätigkeiten herausgezüchtet. Am konsequentesten und mit dem größten Erfolg widmete er sich den Tätigkeiten, die seit alters die Hauptbeschäftigung des domestizierten Hundes bildeten: der Jagd und dem Hüten anderer seit uralten Zeiten domestizierter Tiere – der Schafe.

Dem Hund ist der Mensch ursprünglich als primitiver Jäger nähergekommen. Er hat sich dann mit ihm verbunden, um diejenigen seiner Fähigkeiten zu nutzen, die ihm selbst fehlten. So enstand eine beiderseits nützliche Gemeinschaft, die vor allem die Effektivität der Jagd, also die Beschaffung von Nahrung, beträchtlich steigerte. Gleichzeitig brachte das Zusammenleben mit dem Hund dem Menschen größere Sicherheit. Der mit viel schärferen Sinnen ausgestattete Hund warnte ihn rechtzeitig vor Feinden und verteidigte auch seine Wohnstätten und seinen Besitz. Mit der veränderten Lebens- und Ernährungsweise in Zusammenhang mit dem Übergang vom Sammeln von Früchten zur Viehzucht und dann zum primitiven Ackerbau, der an eine

Bei einigen Rasse, wie beim Chinesischen Schopfhund, fehlt das Fell, andere, wie der Shih-Tzu, tragen es als einen Schleier.

seßhafte Lebensweise gebunden war, gewann die Rolle des Hundes als Beschützer, Wächter und Hüter immer größere Bedeutung. Natürlich schritt auch seine Spezialisierung weiter fort: der Hund begann mit der Herde zu arbeiten. Das beeinflußte seine Stellung auf entscheidende Weise und führte zur Entstehung einer reichhaltigen Palette von Rassen. Der Hund widmete sich nicht mehr ausschließlich seiner natürlichsten Tätigkeit, der Jagd, seine Aufgabe war es nun, die Tiere, die bis vor kurzem seine Beute waren, vor anderen Raubtieren zu schützen; paradoxerweise in erster Linie vor seinem nächsten Verwandten und entwicklungsgeschichtlich direkten Vorgänger, dem Wolf. Und darüber hinaus sollte der Hund jetzt regelrecht mit den Schafen arbeiten, sie auf der Weide zusammenhalten, von Ort zu Ort treiben, verlaufene Tiere aufsuchen, kurz, weitgehend die Arbeit des Hirten übernehmen, der sie beim Anwachsen der Herden nicht mehr allein bewältigen konnte.

Im Laufe der Jahrhunderte und im Zuge der wechselnden Lebensbedingungen wurden die Hunde mit immer neuen Aufgaben betraut, von denen manche mit der Zeit wieder verschwanden, andere jedoch weiter spezialisiert wurden. Dieser Prozeß ist praktisch endlos und dauert bis zur heutigen Zeit fort. Als Beispiel können die Hunde dienen, die sich mit der ältesten Tätigkeit, der Jagd, befassen. Von der natürlichen Art des Jagens, der Hetzjagd, ging man zu neuen Jagdmethoden über. Unter den Jagdhunden entwickelten sich Spezialisten für die Wasserarbeit, die das Wild auf dem Wasser aufspüren und apportieren oder es lange Stunden im und unter Wasser verfolgen, wie der amerikanische Otterhund. Es gibt Hunde, die auf das Verfolgen von verwundetem Wild abgerichtet sind, das sind Schweißhunde wie der Hubertushund, die mit Hilfe ihrer ausgezeichneten Nase arbeiten, und andere, die die Feldarbeit in vollendeter Weise beherrschen, das sind die Vorstehhunde; wieder andere sind Stöberhunde, die das Wild in Gebüsch und Dickicht aufjagen, oder spezialisierte Retriever oder Apportierhunde. Die Fähigkeiten und erwünschten Eigenschaften in Charakter und Körperbau wurden bei den einzelnen Gruppen und Rassen gezielt entwickelt und verstärkt, die unerwünschten Eigenschaften ebenso konsequent unterdrückt. Durch diese Auslese, die Zuchtwahl (bei manchen Rassen außerdem auch durch geographische und reproduktive Isolation) prägten sich die Rassenunterschiede immer stärker aus, so daß ihre Vielfalt heute fast unglaublich erscheint.

Obwohl der Hund das älteste domestizierte Tier ist, ist für die Beziehung zwischen Mensch und Hund auch kennzeichnend, daß der Mensch seinen Hund immer wieder unterweisen muß und das von Beginn an. Das betrifft nicht nur die praktischen Fragen des Zusammenlebens mit einem Hund, seine Ernährung, Hygiene, Erziehung oder Abrichtung, sondern auch sein Verhalten und seine Reaktionen.

Die Entwicklung, die jede Rasse in der Vergangenheit durchgemacht hat, äußert sich in jedem Tier, und es ist deshalb gut, ja notwendig, sich wenigstens in groben Umrissen mit ihr bekanntzumachen. Neben unserem unbestreitbaren Einfluß und den Möglichkeiten, die uns Prägung, Sozialisierung und Erziehung bieten, dürfen nämlich auch die genetisch verschlüsselten Grundlagen, Merkmale und Voraussetzungen nicht außer Acht gelassen werden. Je nach unseren Vorstellungen und unserem Bedarf können wir diese Anlagen bis zu einem gewissen Grad entwickeln oder teilweise unterdrücken, aber

Der Deutsche Schäferhund ist für viele Leute der Inbegriff eines Hundes: intelligent, treu, mutig und gut beherrschbar.

Der Basenji ist ein Hund, der nicht bellt. Er äußert sich durch ein feines, singendes Heulen.

Der Hubertushund hat die längsten Ohren, großen Überschuß an Haut, den vollkommensten Geruchssinn von allen Hunderassen. Ein perfekter Spürhund, ein prächtiger Freund und Gesellschafter.

Auch unter den Hunderassen findet man Extrovertierte und Introvertierte. Der Chow Chow spiegelt in seinem Charakter das Geheimnisvolle und die Verschlossenheit eines Orientalen wider, es ist ein Hund für einen einzigen Herrn.

wirklich nur teilweise. Bei einem Hütehund können wir beispielsweise seine angeborene Neigung, uns zu schützen, und sein scharfes Vorgehen gegen wirkliche oder vermeintliche Feinde beim Hüten unseres Besitzes mildern, aber wir werden nicht verhindern können, daß ein Collie, der nie auf einer Wiese war und noch nie ein Schaf gesehen hat, instinktiv auf die für einen Schäferhund charakteristische Weise zu kreisen beginnt. Ebenso wird einer der typischsten Familienhunde, der Chihuahua, unter bestimmten Umständen, zum Beispiel wenn er sich einer Meute streunender Hunde zugesellt, zu einem kampflustigen, mutigen Jagdhund.

Wenn wir also wissen, was unser Hund in der Vergangenheit war, wozu seine Rasse diente, für welche Spezialisierung sie bestimmt war und welche ihrer Eigenschaften als typisch und wünschenswert betrachtet wurden, werden wir nicht nur eine Rasse auswählen können, zu der wir uns aufgrund der Mehrzahl dieser Attribute hingezogen fühlen, sondern wir werden auch imstande sein, diejenigen Eigenschaften, die wir erwarten, gezielt zu entwickeln und Reaktionen und Verhaltensweisen vorauszusehen. Eine solche Kenntnis bildet die Voraussetzung für eine harmonische Beziehung und eine einzigartige Partnerschaft.

FACHAUSDRÜCKE

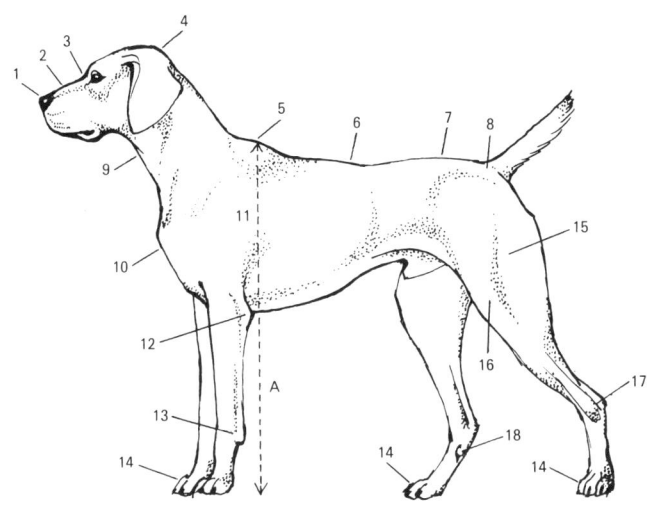

1 – Nasenkuppe; 2 – Fang; 3 – Stop; 4 – Scheitel; 5 – Widerrist; 6 – Rücken; 7 – Kruppe;
8 – Rutenansatz; 9 – Kehle; 10 – Brust; 11 – Schulterblatt; 12 – Ellbogengelenk;
13 – Vorderfußwurzelgelenk: 14 – Zehen; 15 – Schenkel; 16 – Knie; 17 – Sprunggelenk;
18 – Afterklauen; A – Messung der Höhe im Widerrist.

Färbung:

1 – Platten;
2 – Flecken;
3 – Sattel;
4 – Mantel;
5 – Stromung

EINTEILUNG DER HUNDERASSEN IN GRUPPEN
(FCI)

1
Schäferhunde

und Treibhunde

– Schäferhunde
– Treibhunde

2
Pinscher
und Schnauzer

Molosser
und Schweizer
Sennenhunde

– Pinscher
– Schnauzer
– Molosser
– Schweizer Sennenhunde

3
Terrier

– Hochläufige Terrier
– Niederläufige Terrier
– Bullartige Terrier
– Zwerg-Terrier (toy)

4
Dachshunde

5
Spitze

und Hunde
vom Urtyp

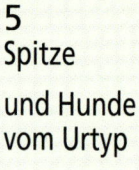

– Nordische Schlittenhunde
– Nordische Jagdhunde
– Nordische Wach- und
  Hütehunde
– Europäische Spitze und
  verwandte Rassen
– Urtyp-Hunde
– Urtyp-Jagdhunde
– Urtyp-Hunde mit Ridgeback.

6
Laufhunde, Schweißhunde und verwandte Rassen

- Laufhunde
- Schweißhunde
- Verwandte Rassen

7
Vorstehhunde

- Kontinentale Vorstehhunde
- Britische und irische Vorstehhunde

8
Apportier- hunde
Stöberhunde
Wasserhunde

- Apportierhunde
- Stöberhunde
- Wasserhunde

9
Gesellschafts- und Begleit- hunde, Toy

- Bichons, verwandte Rassen
- Pudel
  Kleine belg. Hunderassen
- Haarlose Hunde
- Tibetanische Hunderassen
- Chihuahua
- Engl. Gesellschaftsspaniels
- Jap. Spaniels und Pekingesen
- Kontinentale, Zwergspaniels
- Kromfohrländer
- Kleine doggenartige Hunde

10
Windhunde

- Langhaarige oder befederte Windhunde
- Rauhhaarige Windhunde
- Kurzhaarige Windhunde

AFGHAN HOUND

Herkunftsland: Afghanistan

Im Mittleren Osten, wo es diese langhaarige Windhundform schon seit mehreren tausend Jahren gibt, verwendeten die Wanderhirten ihre Hunde zur Jagd auf Wölfe, Hirsche und Gazellen. Aus den vielen örtlichen Formen, die zusammenfassend Tasy genannt werden, bildeten sich in der weitläufigen Region, die auch das heutige Afghanistan umfaßt, nach und nach die heute bekannten Windhunderassen Saluki, Sloughi, Azawakh und Afghan Hound heraus. Das reiche, lange, verschiedenfarbige Haar des Afghanen, das die Eleganz und Beschwingtheit des Körperbaus noch verstärkt, hat sich erst in der europäischen und überseeischen Zucht voll entfaltet, die Ende des 19. Jahrhunderts begann. Seine jagdlichen Fähigkeiten zeigt er heute nur noch bei Wettrennen, denn seine Eleganz und attraktive Erscheinung, die viel Pflege erfordert, haben ihn ausschließlich zu einem gesuchten Begleithund werden lassen.

Beschreibung: Kopf und Schädel: langer, nicht allzu schmaler, ausgewogener Schädel mit ausgeprägtem Hinterhauptbein und langer Haartolle am Scheitel; der Fang ist lang, mit kräftigen Kiefern und leicht markiertem Stop. Bevorzugt wird eine schwarze Nase, leberbraun ist bei hellgefärbten Hunden gestattet. **Augen:** möglichst dunkel, aber auch goldgelb nicht ausgeschlossen, dreieckig und von den inneren zu den äußeren Ecken leicht nach oben geschrägt. **Ohren:** tief und hinten angesetzt, eng am Kopf getragen, mit langem seidigem Haar bedeckt. **Zähne:** in kräftigen Kiefern ein regelmäßiges, vollständiges Scherengebiß, toliert wird ein Zangengebiß. **Hals:** lang und kräftig, wird stolz getragen. **Vorderläufe:** lange und geneigte Schulterblätter, kräftig und bemuskelt, die Läufe starkknochig, gerade. **Rumpf:** gerader, mäßig langer Rücken, gut bemuskelt, die Kruppe fällt zum Rutenansatz nur langsam ab; Lenden gerade, breit, eher kurz, Rippen gewölbt, Brustkorb genügend tief. **Hinterläufe:** kräftig, Oberschenkel richtig gewinkelt, mit langen Knochen und niedrigen Sprunggelenken. **Pfoten:** kräftig, groß, lang, breit, mit langem, dichtem Haar bedeckt, mit gewölbten Zehen und guten Ballen, Hinterpfoten nicht so breit. **Rute:** nicht zu kurz, niedrig angesetzt, am Ende geringelt. Wird in der Bewegung erhoben getragen, schütter befedert. **Haar:** seitlich der Brust lang, von sehr feiner Textur, an Vorder-, Hinterläufen und Weichen lang, fein im Griff. Bei erwachsenen Hunden zieht sich vom Widerrist nach hinten der sog. Sattel aus kurzem, dichtem Fell. Von der Stirn zeigt langes Haar mit einem ausgeprägten seidigen Schopf nach hinten. Gesichtspartie kurzhaarig, Ohren und Läufe gut befedert, Mittelfuß nackt. **Farbe:** alle Farben zulässig. **Größe:** ideale Widerristhöhe des Rüden 68-74 cm, der Hündin 63-69 cm.

Herkunftsland: Großbritannien

Dieser größte der klassischen Terrier stammt aus dem Überschwemmungsgebiet des Flusses Aire in der Grafschaft Yorkshire. Seine jagdliche Verwendung überstieg die typische Spezialisierung eines Terriers: er war nicht nur scharf auf Schadzeug, sondern verleugnete auch seine Vergangenheit als Laufhund nicht – suchte Hochwild auf und apportierte es zuverlässig, zeichnete sich vor allem bei Wasserarbeiten aus, für die er durch Kreuzung mit dem Otterhound ein Spezialist geworden ist. Vor allem in Deutschland bewährte er sich als Diensthund. Als erste Rasse wurde er für Polizeizwecke abgerichtet und später, während des Ersten Weltkriegs, auch zum Dienst in der Armee. Heute ist er eher ein Begleithund, der sich neben seiner Freundlichkeit ein lebhaftes Temperament und Verspieltheit bewahrt hat. Sein Haarkleid muß regelmäßig getrimmt werden.

Beschreibung: Kopf und Schädel: der Kopf ist lang und flach, zwischen den Ohren nicht allzu breit, verengt sich zu den Augen hin etwas, der Hirnschädel ist ungefähr genauso lang wie die Gesichtspartie; ist ohne Falten, mit einer fast unmerklichen Stirnneigung; Ober- und Unterkiefer sind tief, kräftig und bemuskelt, die Lefzen eng schließend, die Nase schwarz. **Augen:** dunkel, klein, nicht hervortretend, voll Terrierausdruck, Mut und Intelligenz. **Ohren:** V-förmig, seitlich am Kopf getragen, klein, aber proportional zur Größe des Hundes. **Zähne:** kräftig, Scherengebiß; zulässig ist auch ein Zangengebiß. **Hals:** trocken, mäßig lang und kräftig, ohne Wamme. **Vorderläufe:** die Schulterblätter sind lang, mäßig geneigt, die Läufe ganz gerade, mit guten Knochen. **Rumpf:** kurzer, kräftiger und gerader Rücken, die Lenden sind muskulös, die Rippen gut gewölbt, der Brustkorb tief, aber nicht breit. **Hinterläufe:** die Keulen sind lang und kräftig, der Fußrücken gut geneigt, nicht auswärts gedreht, die Sprunggelenke parallel. **Pfoten:** klein, rund und geschlossen, mit starken Ballen und gewölbten Zehen. **Rute:** hoch angesetzt, vergnügt getragen, nicht über den Rücken gedreht; wird mäßig kupiert, damit seine Spitze etwa in gleicher Höhe wie der Scheitel des Schädels ist. **Haar:** hart, dicht und rauh, gerade und anliegend. Das härteste Fell kräuselt sich oder ist leicht gewellt. **Farbe:** am Rumpf ist ein schwarzer oder gräulicher (grizzlyfarbener) Sattel, der oben am Hals beginnt und sich an der Oberseite bis auf die Rute hinzieht; alle anderen Partien sind lohfarben, die Ohren gewöhnlich dunkler gefärbt; eine dunklere Schattierung kann auch an Hals und Kopfseiten erscheinen; einige weiße Haare an der Brust sind zulässig. **Größe:** die Widerristhöhe des Rüden ist 23-24 Zoll (58-61 cm), die der Hündin 22-23 Zoll (56-58 cm).

Herkunftsland: USA

Der mächtigste und kräftigste der nordischen Schlittenhunde ist nach einem Eskimostamm benannt, der schon seit dem 5. Jahrtausend v. Chr. an der Beringstraße im westlichsten Teil Alaskas lebt. Seine Fähigkeiten, ohne deren Nutzung ein Leben hinter dem Polarkreis undenkbar wäre, hat er auch in moderner Zeit, nach dem Ausbruch des Goldfiebers, bewiesen. Die Hunde der Malamuten gehören zu den am meisten geschätzten und haben sich auch in den Anfängen des Schlittensports durchgesetzt, bei den ersten Hundeschlittenrennen, den berühmten All Alaska Sweepstakes. Die 408 Meilen lange Rennstrecke legte 1910 ein Malamutengespann in nicht ganz 72 Stunden zurück. Wie alle Nordland-Hunderassen braucht auch der Malamut genügend Bewegung, bei der er eine außerordentliche Ausdauer zeigt. In häuslicher Umgebung ist er ruhig und freundlich.

Beschreibung: Kopf und Schädel: mächtig proportional zur Größe, darf nicht schwer oder grob wirken. Fang groß, voluminös, Lefzen schließen gut, Nase schwarz, Ober- und Unterkiefer tief; Schädel ist zwischen den Ohren breit und verjüngt sich zur Nase hin, mäßig gewölbt, am Scheitel flach, Linie des Nasenrückens und Schädels leicht konvergent. **Augen:** braun, mandelförmig, mäßig groß, schräggestellt; dunkle Augen bevorzugt. **Ohren:** mittelgroß, aber klein im Verhältnis zum Kopf, dreieckig, an den Spitzen leicht gerundet, in der Ebene des oberen Augenwinkels weit auseinander angesetzt; aufgestellt zeigen sie etwas nach vorn. **Zähne:** groß, Scherengebiß. **Hals:** kräftig, mäßig gewölbt. **Vorderläufe:** mäßig geneigte Schulterblätter gut bemuskelt, gerade. **Rumpf:** kräftiger, tiefer Brustkorb, kompakt, nicht kurz aufgezogen; Lenden gut bemuskelt. **Hinterläufe:** Keulen breit und mächtig, Knie mäßig geneigt, Sprunggelenke breit und kräftig. **Pfoten:** groß, kompakt, Zehen geschlossen, gut gewölbt, Ballen kräftig, hart, Krallen kurz und kräftig, auch zwischen den Zehen durch Haare geschützt. **Rute:** in der Rückenlinie angesetzt, gut befedert, über dem Rücken getragen, wenn der Hund nicht arbeitet, aber nicht eng auf den Rücken gerollt. **Haar:** kräftig, harsch; Unterwolle dicht, fettig; das rauhe Deckhaar steht ab und bildet um den Hals einen starken Pelz. **Farbe:** von Hellgrau über mittlere Nuancen bis Schwarz, immer mit Weiß an der Unterseite des Rumpfes, an Läufen, Pfoten und teilweise in der Gesichtspartie (Maske). Attraktiv ist eine weiße Blesse an der Stirn oder ein Kollar oder Fleck am Hals. Einfarbig nur Weiß zulässig. **Größe:** Widerristhöhe des Rüden 25 Zoll (63,5 cm), der Hündin 23 Zoll (58,5 cm), Körpergewicht des Rüden 85 lb (38,5 kg), der Hündin 75 lb (34 kg).

Herkunftsland: USA

Der American Cocker wurde in den zwanziger und dreißiger Jahren unseres Jahrhunderts von amerikanischen Züchtern aus dem erstmals schon 1879 über den Ozean gebrachten ursprünglichen englischen Cocker-Spaniel entwickelt. Die Veränderung im Aussehen – vor allem auf einem kompakteren Körperbau beruhend, was noch verstärkt wird durch ein dichteres, längeres und getrimmtes Haarkleid – begründete man mit den unterschiedlichen klimatischen Bedingungen und Jagdmethoden. Typisch für den American Cocker ist auch ein runderer Kopf mit ausgeprägter Stirnneigung. Obwohl dieser Cocker die jagdlichen Eigenschaften eines leistungsfähigen Stöberhundes behalten hat, überwiegt immer mehr seine gesellschaftliche Funktion, unter Betonung des reichen, sorgsam gepflegten und attraktiv gefärbten Fells. Beliebt ist er auch wegen seines friedfertigen, feinen, freundlichen Charakters.

Beschreibung: Kopf und Schädel: der Kopf entspricht der Gesamterscheinung; Schädel gerundet, Augenbrauenbögen deutlich gezeichnet, Stop ausgeprägt, Gesichtspartie gut modelliert. **Augen:** rund, voll, die Form der Augenlider verleiht ihnen ein leicht mandelförmiges Aussehen. Farbe dunkelbraun, Ausdruck intelligent, aufmerksam und liebenswürdig. **Ohren:** herabhängend, gut behaart. **Zähne:** kräftig, gesund, nicht zu klein, Scherengebiß. **Hals:** genügend lang, muskulös, ohne lose Haut, tritt kraftvoll aus den Schultern heraus, etwas konisch. **Vorderläufe:** gerade, gute Knochen, bemuskelt, Mittelfuß kurz und stark. **Rumpf:** schräggestellte Schulterblätter, Widerrist ausgeprägt, Rippen breit gewölbt, Rumpf kurz, kompakt, fest aufgezogen, Rücken kräftig, leicht abfallend, Lenden breit, Kruppe gerundet, bemuskelt; Brustkorb tief, bis zu den Ellbogen reichend, vorn genügend breit. **Hinterläufe:** kräftig bemuskelt, gut gewinkelt, starke Oberschenkel und Sprunggelenke, die niedrig und parallel sind. **Pfoten:** groß, kompakt, rund und fest, mit harten Ballen. **Rute:** wird kurz kupiert, in Rückenhöhe angesetzt, doch nie aufgerichtet. **Haar:** am Kopf kurz und fein, am Körper mittellang mit genügend Unterwolle; Ohren, Brust, Bauch und Rückseiten der Läufe stark befedert. Haarkleid fein, seidig, glatt oder sanft gewellt. **Farbe:** Schwarz: einfarbig oder schwarz mit Brand. Einfarbig außer schwarz und einfarbig mit Brand: muß einheitlich getönt sein, hellere Beharung ist zulässig, genau wie Weiß auf Brust und Hals; mehrfarbig: zwei oder mehr voneinander abgegrenzte Farben, von denen eine Weiß sein muß. **Größe:** ideale Widerristhöhe des Rüden 15 Zoll (38,1 cm), der Hündin 14 Zoll (35,56 cm), Toleranz 1,27 cm nach oben und unten.

Herkunftsland: USA

An der Wende des 19. zum 20. Jahrhundert kamen mit englischen Siedlern die Nachkömmlinge der Bastarde aus englischem Bulldog und altenglischem Terrier auf den amerikanischen Kontinent und wurden unter der Bezeichnung Staffordshire Bull Terriers durch illegale Kämpfe eher unrühmlich bekannt. Rasch akklimatisierten sie sich jenseits des Ozeans als sog. Pitt Bulls, ab 1936 offiziell als Staffordshire Terriers und seit 1972 unter dem gegenwärtigen Namen. Eingebürgert hat sich leider auch die Praxis der Hundekämpfe, die den Pitt Bulls den Ruf böser und gefährlicher Tiere einbrachte. Zu solchen können sie durch ungeeignete Abrichtung und Behandlung auch wirklich werden. Bei vernünftiger Erziehung durch einen erfahrenen Züchter aber sind sie freundlich und verspielt, zeigen jedoch erforderlichenfalls blitzschnell außergewöhnlichen Mut, Kampflust und Verbissenheit.

Beschreibung: Kopf und Schädel: mittellang, am Hirnschädel breit und merklich bemuskelt; der Stop ist gut sichtbar. **Augen:** dunkel, rund, tiefliegend und weit auseinander; die Ränder der Augenlider sollten nicht rosa sein. **Ohren:** halb oder ganz aufgerichtet; ganz herabfallende Behänge sind unerwünscht. **Zähne:** in Scherengebiß angeordnet. **Hals:** kräftig, sanft gebogen, mittellang, ohne lose Haut. **Vorderläufe:** gerade, starkknochig, rundlich, mit senkrechtem Mittelfuß. **Rumpf:** gut gewölbte Rippen, der Vorderteil breit, der Brustkorb breit und tief, der Rücken kurz, mit sanftem Abfall zur Kruppe, die kurz und leicht geneigt ist; die Lenden sind nur leicht gewölbt. **Hinterläufe:** bemuskelt. **Pfoten:** geschlossen, die Zehen verschieden lang und gut gewölbt, auch die hinteren nicht auswärts gedreht. **Rute:** im Verhältnis zur Größe des Hundes kurz, tief angesetzt, weder geringelt noch über dem Rücken getragen. **Haar:** kurz, anliegend, glänzend, hart im Griff. **Farbe:** zulässig ist jede einheitliche Färbung und Fleckung, unerwünscht eine nur ganz weiße und eine mit mehr als 80 % Weiß am Körper, Lohfarbe (tan) oder Leberbraun. **Größe:** die Widerristhöhe des Rüden ist 46-48 cm, die der Hündin 43-46 cm. Die Widerristhöhe muß immer proportional dem Körpergewicht sein.

Herkunftsland: Mali

Der Azawakh-Windhund stammt aus der Gebirgsregion am Südrand der Sahara, die der Berberstamm der Ahaggar bewohnte. Diese kamen offenbar aus Nordafrika dorthin, und so ist auch die Herkunft des Azawakh mit den Windhunden des Mittelmeerraumes verknüpft, mit dem Podengo Portugues und dem Pharaoh Hound. Näher verwandt sind aber wohl auch alte Rassen orientalischer – arabischer und persischer – Windhunde, vor allem die heutigen Sloughi und Saluki. Wegen seiner außerordentlichen Ähnlichkeit mit dem Sloughi wurde der Azawakh bis in die siebziger Jahre unseres Jahrhunderts nicht als selbständige Rasse anerkannt. Dann figurierte er zunächst als Sloughi-Azawakh und wird erst ab 1980 von der Internationalen Kynologischen Vereinigung (FCI) selbständig registriert. Dieser schnelle Läufer ist von ruhiger und ausgeglichener Wesensart, zu Fremden mißtrauisch und zu Hause sehr lieb.

Beschreibung: Kopf und Schädel: hoch getragen, harmonisch, lang, zart, trocken und fein modelliert; Hinterhauptbein gut sichtbar; Stop sanft angedeutet, Fang lang, nicht ausgesprochen spitz, Backen flach; Nasenlöcher geöffnet, Nase schwarz oder kastanienrotbraun, Lefzen dünn, schwarz oder leberbraun. **Augen:** mandelförmig, ziemlich groß, dunkel oder bernsteinfarben. **Ohren:** zart, immer herabhängend, von der Wurzel an flach am Kopf anliegend, dreieckig, an der Spitze leicht gerundet. **Zähne:** Scherengebiß in langen, kräftigen Kiefern. **Hals:** nach oben gerichtet, lang, fein, muskulös, leicht gewölbt; ohne Wamme. **Vorderläufe:** lang und trocken, mit merklichen Sehnen, langen und trocken bemuskelten Schulterblättern und fast senkrechtem Unterarm, Mittelfuß und Mittelhand. **Rumpf:** hat eine gerade Oberlinie mit ausgeprägtem Widerrist, Kruppe schräg, nicht abfallend. Die Körperform ähnelt einem Rechteck, Verhältnis der Länge zur Höhe etwa 9:10. Brustkorb geräumig und tief, Rippen gewölbt, sichtbar. **Hinterläufe:** lang und trocken, Winklung in den Hüft- und Kniegelenken sehr steil, Fußwurzel und Fußrücken sind gerade und trocken. **Pfoten:** rund, mit feinen Zehen und pigmentierten Ballen. **Rute:** lang, dünn, trocken, verjüngt sich vom Ansatz an, wie der Rumpf befedert, mit weißer Spitze, wird in der Ruhe nach unten getragen, leicht gebogen oder geringelt. **Haar:** kurz, fein, weich. **Farbe:** von hell sandfarben bis braun und in allen Rotschattierungen; kann eine schwarze Maske bilden, notwendig sind kleine weiße Abzeichen an Kopf, Hals, Brust und Rutenspitze, sehr erwünscht ist Weiß an den Pfoten. **Größe:** die Widerristhöhe des Rüden ist 64-74 cm, die der Hündin 60-70 cm.

Herkunftsland: Rußland

Im Gegensatz zu den meisten anderen Windhundrassen ist die Geschichte des Barsoi verhältnismäßig kurz, reicht nicht viel weiter als drei Jahrhunderte. Wie der Irish Wolfhound wurde der Barsoi mit anderen Jagd-, vor allem Laufhunden, denen er auch durch die Herkunft sehr nahe steht, bei der Wolfsjagd eingesetzt. Zu den Besonderheiten, die seine Entstehung bedingten, gehört die für Windhunde nicht ganz charakteristische, einst stark bewaldete russische Landschaft. Am heutigen Barsoi ist außer der Verquickung vieler Einflüsse – repräsentiert durch den nordischen windhundartigen Laufhund der Warjager, die typisch russischen Laikas und den Anteil der südrussischen Steppenhunde – auch das Blut des englischen Greyhound, vielleicht des Saluki und des Irish Wolfhound, beteiligt. Dennoch ist der Barsoi ein eigenständiger, unverwechselbarer, stolzer und eleganter Hund.

Beschreibung: Kopf und Schädel: lang, schmal, trocken, klar modelliert, zur Nase hin allmählich schmäler werdend; Nase relativ groß, immer schwarz. **Augen:** groß, mandelförmig, möglichst dunkel kastanienbraun, verhältnismäßig nahe beieinander; Ausdruck lebhaft, friedfertig. **Ohren:** hoch und weit hinten am Kopf angesetzt, verhältnismäßig klein, schmal, spitz; in der Ruhe nach hinten gelegt, Spitzen eng nebeneinander. **Zähne:** volles, geschlossenes, kräftiges Scherengebiß. **Hals:** lang, gut bemuskelt, an den Seiten flach, Nakken leicht gewölbt; reich behaart, ohne Wamme. **Vorderläufe:** lang, trocken bemuskelt, gerade, relativ steil gewinkelt. **Rumpf:** verhältnismäßig langer, schmaler, ziemlich flacher, tiefer Brustkorb; der Rücken bildet, besonders bei den Rüden, einen flach gewölbten Bogen, bei den Hündinnen ist er flacher; Rücken und Lenden breit, kräftig bemuskelt, Bauch stark aufgezogen, wenig ausgeprägt, Kruppe lang, breit, stark bemuskelt, harmonisch nach hinten abfallend. **Hinterläufe:** lang, viel kräftiger bemuskelt, von hinten gesehen gerade und parallel; an der Rückseite der langen, breiten, stark bemuskelten Keulen längere Behaarung, die Hosen bildet; Sprunggelenke sind tief, kräftig und breit, die Fußrücken kurz und senkrecht. **Pfoten:** parallel, schmal, oval, mit gewölbten und geschlossenen Zehen, festen, dunklen Krallen und Ballen. **Rute:** niedrig angesetzt, säbelförmig, kräftig, gut befedert und möglichst lang. **Haar:** lang, seidig, gewellt oder gekräuselt. **Farbe:** weiß, goldfarben in allen Schattierungen, gold mit Silberhauch, gold und dunkel gestromt, rot, schwarze Spitzen bei dunklem Fang und Läufen, grau von asch- bis gelbgrau, gestromt, goldfarben, rot oder grau und dunkel gestromt, rot, schwarz und alle Nuancen dieser Farben. **Größe:** Widerristhöhe des Rüden 70–82 cm, der Hündin etwa 5 cm weniger.

Herkunftsland: Mittelafrika (Großbritannien)

Nichtbellender Hund – das ist das häufigste Attribut des Kleinhundes aus dem Innern des afrikanischen Kontinents, den die Europäer Mitte des 17. Jahrhunderts das erste Mal bei den Bewohnern der Urwaldregionen Zentralafrikas erblickten. Er ist aber nicht ganz stumm, sondern gibt eine spezifische, Winseln bis Gesang ähnelnde Lautäußerung von sich. Es handelt sich um eine der ursprünglichsten und entwicklungsmäßig primitivsten Hunderassen der Welt. Er wurde erstmals auf der Cruft-Ausstellung 1895 unter dem Namen Congo Terrier vorgestellt. Mit Terriern hat er allerdings nichts gemein; ein Zusammenhang läßt sich eher mit den altägyptischen Khufuhunden feststellen, möglicherweise mit Vorfahren von Windhundrassen dieser Region. Heute wird der Basenji als idealer Stadthund angesehen – still und ruhig, aber spielfreudig, sensibel und intelligent, ohne Ansprüche an besondere Haarpflege.

Beschreibung: Kopf und Schädel: flach, gut modelliert, mittelbreit, zum Fang hin schmäler, Stop leicht gekennzeichnet; bei aufgestellten Ohren erscheinen an der Stirn kleine Falten; erwünscht ist eine schwarze Nase. **Augen:** dunkel, mandelförmig, schräggestellt, in die Ferne blickend. **Ohren:** klein, zugespitzt, aufrechtstehend, weit vorn am Kopf angesetzt, Ohrenspitze der Schädelmitte näher als den Außenkonturen. **Zähne:** vollständiges, regelmäßiges Scherengebiß in kräftigen Kiefern. **Hals:** kräftig, angemessen lang, nicht dick, voller im Ansatz, elegant gewölbt; gut in den Schultern angesetzt, verleiht dem Kopf eine erhabene Haltung. **Vorderläufe:** korrekt schräggestellte Schulterblätter, Läufe nicht übertrieben bemuskelt, Ellbogen liegen dem Rumpf an; von vorn sind die Ellbogen in gleicher Ebene mit den Rippen, Beine gerade, mit feinen Knochen und sehr langem Unterarm; der Mittelfuß mäßig lang, gerade und elastisch. **Rumpf:** kurzer gerader Rücken; Rippen gewölbt, Brustkorb tief, im Schnitt oval, Lenden kurz, der tiefe Brustkorb geht hinten in gut geformte Weichen über. **Hinterläufe:** kräftig, muskulös, mit tiefen Sprunggelenken. Unterschenkel lang, Sprunggelenke gewinkelt. **Pfoten:** klein, schmal, geschlossen, kräftige Ballen. **Rute:** hoch angesetzt, Sitzbeinhöcker hinter der Schwanzwurzel, Rute über der Wirbelsäule geringelt und liegt mit einem einfachen oder doppelten Ring dem Körper an. **Haar:** kurz, glänzend, glatt, fein. **Farbe:** rein schwarz und weiß, rot und weiß, schwarz, lohfarben und weiß mit lohfarbenen Flecken und Maske, lohfarben und weiß; Weiß muß an Pfoten, Brust und Rutenspitze sein; zulässig sind weiße Läufe, Blesse und Kragen. **Größe:** ideale Widerristhöhe des Rüden 17 Zoll (43 cm), der Hündin 16 Zoll (40 cm). Ideales Körpergewicht des Rüden 24 lb (11 kg), der Hündin 21 lb (9,5 kg).

Herkunftsland: Frankreich

Er ist eine der zahlreichen Varietäten kleiner französischer Laufhunde und stammt aus dem Département Vendée an der Westküste Frankreichs. Aus entwicklungsmäßiger Sicht stellt er sozusagen die Ursprungsform des keltischen Laufhundes dar, des Vorläufers der meisten Jagdrassen des europäischen Kontinents. Er ist dem englischen Basset Hound und dem Basset fauve de Bretagne nahe verwandt. Nicht allein das rauhe Fell erinnert auch an den schwereren Typ eines Dachshundes. Die traditionelle jagdliche Verwendung ist heute in den Hintergrund getreten, und der „Große" Basset griffon vendéen ist nicht nur in Frankreich wegen seiner attraktiven und liebenswerten Erscheinung beliebt, als Widerspiegelung der Beziehung zu seinem Herrn, ohne daß er Selbständigkeit, Stolz und Unabhängigkeit verliert.

Beschreibung: Kopf und Schädel: lang, nicht allzu breit, mit deutlich markiertem Stop, gut unter den Augen ausgeformt, gewölbter Hirnschädel, Fang lang, leicht konvex, am Ende eckig; Lefzen bedeckt ein kräftiger Schnurrbart; Nase schwarz, gut entwickelt, mit geöffneten Löchern. **Augen:** groß, dunkel, enthüllen nicht das Weiße und die Bindehaut, haben einen freundlich intelligenten Ausdruck; die Behaarung über den Augen zeigt nach vorn, ohne die Augen zu verdecken. **Ohren:** elastisch, schmal, zart, mit langen Haaren bedeckt, an der Spitze oval, nach innen gedreht und so lang, daß sie bis zur Nasenspitze reichen, in Augenhöhe angesetzt. **Zähne:** regelmäßig. **Hals:** lang und kräftig, am Schulteransatz stärker, ohne Wamme. **Vorderläufe:** gerade, mit guten Knochen, kräftig. **Rumpf:** breiter, tiefer und langer Brustkorb, gut gewölbte Rippen; Rücken lang, breit und gerade, leicht gewölbt über den Lenden, die fest und voll sind. **Hinterläufe:** die Oberschenkel sind breit und gut bemuskelt, nicht allzu rund, die Sprunggelenke breit, geneigt, nie ganz gerade. **Pfoten:** groß, kräftig, trocken, mit starken Ballen und kräftigen Krallen. **Rute:** hoch angesetzt, kräftig an der Wurzel und dann schmäler werdend, eher lang, als Säbel getragen oder leicht gebeugt, gut befedert. **Haar:** harsch, nicht allzu lang, flach, nie wie Wolle oder Seide, Fransen nicht allzu reichlich. **Farbe:** einfarbig: hasengrau, falb wird nicht empfohlen; zweifarbig: weiß und orange, weiß und schwarz, weiß und grau, weiß mit Brand (tan); trikolor: weiß und schwarz und tan (schwarz mit Brand), weiß und grau mit Brand (tan), weiß und hasengrau mit Brand (tan), weiß und grau mit Brand (tan). **Größe:** die Widerristhöhe ist 38-42 cm, mit einer Toleranz von 1 cm unter und 2 cm über dem Limit für ausgewählte Tiere.

BASSET HOUND

Herkunftsland: Großbritannien

Der Ursprung des englischen Basset Hound kann mit der Ankunft der Normannen auf den britischen Inseln und dem Beginn ihrer fast hundertjährigen Herrschaft nach der Schlacht bei Hastings (1066) verknüpft werden. Sie hatten aus Nordfrankreich ihre kleinen Laufhunde mitgebracht, die damals vielerorts in Europa zur Fuchs- und Dachsjagd verwendet wurden und sich in den folgenden Jahrhunderten jagdlich noch mehr zu spezialisieren begannen, was auch ihr Äußeres bedingte. Diese Entwicklung verlief auch auf dem Kontinent. Auf das Aussehen und die Entwicklung der Laufhunde vom Typ Basset, Foxhound und Bloodhound hatte auch der Aufschwung der Parforcejagden in Frankreich und England einen wesentlichen Einfluß. Der Basset Hound ist ein ausgezeichneter Jagdhund, wird aber wegen seiner freundlichen Wesensart und seines entzückenden Ausdrucks immer mehr als Begleithund gehalten.

Beschreibung: Kopf und Schädel: gewölbt, mit markiertem Stop und Hinterhauptbein, verengt sich zum Fang hin etwas, der Fang ist schlank. Der Nasenrücken ist mit der Schädellinie fast parallel. Stirn- und Augenfalten, aber die Haut auf dem Kopf sollte so lose sein, daß die Falten deutlich sind, wenn sich der Kopf neigt. **Nase:** in der Regel schwarz, außer bei hellgefärbten Hunden, bei denen sie braun oder leberbraun sein kann. **Augen:** rautenförmig, dunkel, können braun bei hellgefärbten Hunden sein. Der Ausdruck ist ruhig unernst. **Ohren:** niedrig angesetzt. Lang, bis zur Nasenspitze, eng und gut gerollt, sehr elastisch, samtig und fein. **Zähne:** gerade, Scherengebiß; Zangengebiß ist kein Fehler. **Hals:** muskulös, verhältnismäßig lang mit markanten Wammen. **Vorderläufe:** haben gut hintergestellte Schulterblätter, sind kurz, mächtig, starke Knochen. Ellbogen liegen dicht den Hüften an, zwischen Mittelfuß und Pfote sind Falten. **Rumpf:** Der Brust ist weder eng noch zu tief, gut gewölbte und elastische Rippen. Der Rücken ist breit, gerade; Widerrist und Lenden können mäßig gewölbt sein. Der Rücken soll vom Widerrist zu den Hinterbeinen nicht zu lang sein. **Hinterbeine:** stark bemuskelt, auswärts gedreht, Knie gut geneigt, Sprunggelenke niedrig und leicht geneigt, aber weder ein- noch auswärts gedreht. Zwischen Sprunggelenk und Pfote sind oft Falten. **Pfoten:** massiv, gut gewölbt, mit starken Ballen. **Rute:** gut angesetzt, eher lang, kräftig an der Wurzel, sich verjüngend, auf der Unterseite mit rauhem Haar angemessen befedert, in der Bewegung hoch und wie ein Säbel getragen, aber gekrümmt oder gebrochen. **Haar:** glatt, kurz, anliegend, nicht zu fein. **Farbe:** meistens schwarz, weiß, lohfarben (tan), zitronengelb und gelb. **Größe:** die Widerristhöhe ist 13-15 Zoll (33-38 cm).

Herkunftsland: Großbritannien

Der Beagle ist der kleinste englische Laufhund und vor allem auf die Hasenjagd spezialisiert, wobei er sich mit einem speziellen Bellen äußert, das sogar als „Gesang" bezeichnet wird. Er ist mit dem Foxhound, dem Harrier und dem Chien de Saint-Hubert (Bloodhound) verwandt und stammt vom europäischen Festland, von wo seine Vorfahren im 11. Jahrhundert mit den Normannen nach England gelangten. Im 16. und 17. Jahrhundert erreichte der Wunsch nach möglichst kleinen Tieren dieser Rasse ein Stadium, wo sie in der Tasche eines Jagdmantels getragen werden konnten und eine ganze Meute in den Satteltaschen eines Pferdes. Den Höhepunkt seiner Geltung erreichte der Beagle mit dem Aufschwung der Parforcejagden. Obwohl von Natur aus ein Jäger, ist er wegen seiner Größe, seiner anspruchslosen Pflege und außerordentlich ruhigen bis reservierten, gleichzeitig aber lieben Wesensart ein beliebter Begleithund.

Beschreibung: Kopf und Schädel: Kopf mäßig lang, kräftig, aber nicht grob, bei der Hündin zarter, ohne Runzeln und Falten. Der Stop sehr gut markiert, teilt möglichst genau die Entfernung zwischen Nasenspitze und Scheitel; Fang nicht zu spitz, Lefzen schließen mäßig; Nase breit, am besten schwarz, Nasenlöcher breit. **Augen:** dunkel- oder haselnußbraun, ziemlich groß, weder zu tief liegend noch hervortretend, weit auseinander, mit liebem, friedfertigem Ausdruck. **Ohren:** lang, an der Spitze gerundet, angezogen bis zur Nasenspitze reichend, niedrig angesetzt, zart, elegant, an den Wangen herabhängend. **Zähne:** regelmäßiges, vollständiges Scherengebiß in kräftigen Kiefern. **Hals:** genügend lang, leicht gewölbt, mit kleiner Wamme. **Vorderläufe:** gut nach hinten gelegte Schulterblätter, Läufe gerade, korrekt gestellt, genügend kräftig, mit rundlichen Knochen, verengen sich nicht zu den Pfoten hin; Mittelhand kurz, Ellbogen liegen fest an, weder ein- noch auswärts gedreht, etwa in der Hälfte der Widerristhöhe. **Rumpf:** gerade Oberlinie, kurz aufgezogen und ausgewogen, Brustkorb reicht bis zu den Ellbogen, Rippen gut gewölbt, nach hinten gelegt, Lenden kräftig und elastisch, nicht übertrieben ausgezogen. **Hinterläufe:** bemuskelte Oberschenkel, gut gewinkelte Knie, feste, gut geneigte, parallele Sprunggelenke. **Pfoten:** kräftig, fest, gut gewölbt, mit kräftigen Ballen, Krallen kurz. **Rute:** kräftig, mittellang, hoch angesetzt, lustig getragen, nie über den Rücken gerollt oder von der Wurzel nach vorn gebeugt, gut befedert, besonders an der Unterseite. **Haar:** kurz, dicht, wasserfest. **Farbe:** alle bei Laufhunden bekannten Farben zulässig, außer leberbraun; Rutenspitze weiß. **Größe:** Widerristhöhe mindestens 13 Zoll (33 cm), maximal 16 Zoll (40 cm).

Herkunftsland: Großbritannien

Dieser langhaarige Schäferhund erhielt seinen Namen nach dem schottischen schwarzköpfigen Schaf „colley". Die Vorläufer der heutigen Schäferhunde, zu denen neben dem Bearded Collie noch der Bobtail gehört, sind offenbar schon im 6. Jahrtausend v. Chr. mit Wanderhirten aus Asien auf die britischen Inseln gelangt. Der Bearded Collie setzte sich durch und paßte sich dem Klima, Terrain und Pflanzenbestand im westschottischen Hochland Inseln an, einer mit Farnen bewachsenen, ziemlich unpassierbaren Landschaft. Sie verlangte ihm Schnelligkeit, und Geschicklichkeit ab, in Verbindung mit den Fertigkeiten eines Schäferhundes. Trotz seiner langen Vergangenheit wurde er vom English Kennel Club erst 1944 als selbständige Rasse anerkannt, zu einem Zeitpunkt also, wo er seine typische Arbeitsfunktion schon langsam verlor und außerhalb seiner Heimat ausschließlich zu einem Begleithund wurde.

Beschreibung: Kopf und Schädel: Schädel breit, flach, eckig; Fang kräftig, Stop mäßig, Nase groß, eckig, schwarz, gut pigmentiert, fleckenlos. **Augen:** passend zur Fellfarbe, groß, ziemlich weit auseinander, mit weichem Ausdruck. **Ohren:** mittelgroß, gekippt, bei Erregung in der Basis aufgerichtet. **Zähne:** groß, kräftig, vollständiges Scherengebiß. **Hals:** mäßig lang, bemuskelt, leicht gewölbt. **Vorderläufe:** nach hinten geneigte Schulterblätter, Läufe gerade, starkknochig, gut befedert. **Rumpf:** gerader Rücken, Rippen gewölbt, Lenden kräftig, Brustkorb tief, geräumig. **Hinterläufe:** niedrige Sprunggelenke. **Pfoten:** oval, gewölbte, geschlossene Zehen, auch zwischen den Ballen gut behaart. **Rute:** tief angesetzt, ohne Krümmung, bis zu den Sprunggelenken reichend; niedrig getragen, im Stehen und Gehen mit Haken am Ende, reich befedert. **Haar:** doppelt, reiche Unterwolle; Deckhaar flach, kräftig, zottig, ohne Locken. Haar üppig, aber nicht so, daß es die Körperkonturen verdeckt; muß nicht getrimmt werden; aus Wangen, unteren Lefzen und unterm Kinn wächst ein Bärtchen zur Brust hin. **Farbe:** schiefergrau, rötlichblond, schwarz, blau, alle Schattierungen grau, braun, sandfarben, mit oder ohne weiße Abzeichen; die weißen Abzeichen bilden eine Blesse am Kopf und befinden sich in der Gesichtspartie, an Rutenspitze, Brust, Läufen und Pfoten, bilden einen Kragen; leichte lohfarbene Abzeichen zulässig an den Augenbrauen, in den Ohren, an den Wangen, unter der Rute und an den Läufen, wo sie an Weiß als Hauptfarbe anknüpfen. **Größe:** ideale Widerristhöhe des Rüden 21-22 Zoll (53-56 cm), der Hündin 21 Zoll (51-53 cm).

Herkunftsland: Großbritannien

Dieses zarte, getrimmte und noble Hündchen, das an ein Lamm erinnert, war noch Ende des 19. Jahrhunderts ein recht rauher Hund der Bergleute von Northumberland zwischen England und Schottland und diente hauptsächlich zum Rattenfangen. Aus der Rasse eines anderen Terriers – Dandie Dinmont – entwickelte sich der Bedlington vor allem durch Einkreuzung des Whippet, der ihn zarter und leichter machte, die Läufe verlängerte und ihm Schnelligkeit verlieh, mit der er sich auch bei der Kaninchenjagd bewährte. Als selbständige Rasse wurde er 1870 erstmals in Bedlington vorgestellt, in der modernen Gestalt tauchte er aber erst 1895 auf. Heute ist er ausschließlich ein friedfertiger und freundlicher Begleithund, der aber in gewissen Augenblicken sein Terrierblut nicht verleugnet. Sein seidiges Haarkleid bedarf einer ständigen Pflege.

Beschreibung: Kopf und Schädel: schmal, aber tief und rundlich, bedeckt von einem feinen, fast weißen Haarschopf; die Stirnneigung ist nicht ausgeprägt; die Kiefer sind lang und verjüngen sich, die Lefzen dicht schließend, die Nasenlöcher groß und gut gekennzeichnet. **Augen:** klein, weit auseinander und tiefliegend, dreieckig, bei blauen Tieren dunkel gefärbt, bei den blauen mit lohfarbenen Abzeichen heller bis bernsteingelb, die braunen und sandfarbenen haben die Augen hell nußbraun. **Ohren:** mäßig groß, haselnußblattförmig, tief angesetzt und flach anliegend, dünn und samtig, kurzhaarig, mit einer Troddel am Ende. **Zähne:** groß, kräftig, senkrecht angesetzt, Scherengebiß. **Hals:** lang, ohne Wamme. **Vorderläufe:** gerade, der Mittelfuß lang und leicht geneigt. **Rumpf:** gut bemuskelt und elastisch, der Brustkorb tief und mäßig breit, die Rippen flach; der Rücken bildet einen natürlichen Bogen; der Rumpf ist etwas länger als die Wiederristhöhe. **Hinterläufe:** gut bemuskelt, die Rippen gewölbt; wirken länger als die Vorderläufe; die Sprunggelenke sind kräftig, niedrig, weder ein- noch auswärts gedreht. **Pfoten:** lang, hasenartig, mit kräftigen und geschlossenen Ballen. **Rute:** mäßig lang, kräftig an der Wurzel, elegant gebogen, tief angesetzt und nie über dem Rücken getragen. **Haar:** sehr ausdrucksvoll, dicht, erinnert an Zupfleinwand, vom Körper abstehend, aber nicht drahtig; hat die Tendenz, sich zu ringeln, vor allem am Kopf und in der Gesichtspartie. **Farbe:** blau, leberbraun oder sandfarben, mit oder ohne lohfarbene Abzeichen. Blaue Tiere und blaue mit Brand müssen eine schwarze Nase haben, braune und sandfarbene eine braune Nase. **Größe:** Widerristhöhe ca. 16 Zoll (40,64 cm), die Hündinnen sind etwas kleiner, die Rüden größer. Das Körpergewicht beträgt 18-23 lb (8,16-10,43 kg).

Herkunftsland: Frankreich

Die Schafzucht erforderte Hunde zweier Typen: einen Hirtenhund, der die Herde vor Wölfen oder anderen Raubtieren sowie vor Dieben schützte, und einen Hütehund, der sie zusammenhielt, von einem Ort zum anderen brachte, verirrte Tiere suchte und zurücktrieb. Der Beauceron bildet nicht nur eine Art Verknüpfung dieser beiden Funktionen, sondern auch einen Übergangstyp zwischen einem reinen Hütehund, in Europa am markantesten vertreten durch den Deutschen Schäferhund, und den von Doggen abstammenden Hirtenhunden des Rottweilertyps. Trotz unterschiedlicher Herkunft wurden die französischen Schäferhunde, Beauceron und Briard, noch zu Beginn des 20. Jahrhunderts als Varietäten derselben Rasse angesehen und von einem gemeinsamen Züchterklub registriert. Der mutige, selbständige Charakter des Beauceron samt seiner Kraft erfordert eine erfahrene Führung. Er ist ein ausgezeichneter Wachhund.

Beschreibung: Kopf und Schädel: Kopf lang, proportioniert, Schädel flach oder leicht gewölbt, Hinterhauptbein zu sehen, Stop wenig ausgebildet; Nasenrücken nicht gewölbt, zur Nasenwurzel hin sanft konvex, Lefzen trocken, geschlossen, gut pigmentiert; Nase schwarz, weder zu schmal noch zu groß. **Augen:** horizontal liegend, dunkel, nie heller als haselnußbraun. **Ohren:** hoch angesetzt, flach, eher kurz. **Zähne:** kräftig, weiß, Scherengebiß, die Schneidezähne des Oberkiefers überdecken die des Unterkiefers. **Hals:** gut bemuskelt, fest mit den Schulterblättern verbunden, trägt den Kopf stolz. **Vorderläufe:** Unterarme trocken bemuskelt, Vorder- und Hinterläufe gerade, parallel. **Rumpf:** proportioniert, Rücken gerade, Widerrist gut ausgeprägt, Brust breit, tief, lang, Lenden breit und gut mit dem Rücken verbunden, die Kruppe fällt leicht ab. **Hinterläufe:** Kniegelenke nicht zu stark gewinkelt, Unterschenkel etwas nach hinten gestellt, Sprunggelenke kräftig, tiefliegend, nicht zu niedrig, Fußrücken senkrecht. **Pfoten:** kräftig, rund, Krallen schwarz, Ballen hart, aber elastisch; an den Hinterläufen an der Innenseite doppelte Afterkrallen. **Rute:** lang, unkupiert, tief getragen, am Ende zu einem J gekrümmt. **Haar:** an Kopf und Rumpf sehr kurz, kräftig, dicht, geschlossen, anliegend, 3-4 cm lang; hinten an den Wangen und der Rutenunterseite leichte Fransen unerläßlich. **Farbe:** schwarz mit Brand (zweifarbig), sog. Bas Rouge (roter Strumpf): das Schwarz muß rein sein, Brand eichhörnchenrot; harlekin, grau, schwarz und rot (dreifarbig): Fell teilweise gleich grau und schwarz gefleckt, Brand an den gleichen Stellen. **Größe:** Widerristhöhe des Rüden 65-70 cm, der Hündin 61-68 cm.

Herkunftsland: Frankreich

Ein Briard ist bereits am Portal der heute nicht mehr existierenden Kathedrale aus dem 14. Jahrhundert in Montdidier dargestellt. Die Vorfahren der jetzigen Rasse kamen schon einige tausend Jahre früher nach Frankreich, doch ist seine konkrete Geschichte erst mit der Entwicklung der Schaftzucht gegen Ende des 17. Jahrhunderts verknüpft. Der Briard war damals noch keine selbständige Rasse, sondern gehörte zu einer noch sehr wenig differenzierten Gruppe von Hüte- und Hirtenhunden dieser Region und stand dem heutigen Beauceron sehr nahe. Entwicklungsmäßig sind seine direkten Verwandten und Vorfahren Rassen des Typs Bearded Collie, Bobtail und sog. Tibetan Terrier. Die Zucht des Briard, eines ursprünglichen Hüte- und später auch Dienst- und Wachhundes, existiert seit den achtziger Jahren des 19. Jahrhunderts. Heute wird dieser fröhliche, agile, verspielte und freundliche Hund zur Arbeit und zum Vergnügen gehalten.

Beschreibung: Kopf und Schädel: kräftig, lang, mit deutlichem Stop, der von Nasenspitze und Hinterhauptbein gleich weit entfernt ist; seine Behaarung bildet einen Kinn- und Schnurrbart, und die Brauen bedecken teilweise die Augen; die Stirn ist sanft gerundet. **Augen:** horizontal, gut geöffnet, eher groß, dunkel, mit intelligentem und ruhigem Blick; graue Augen werden bei einem grauen Briard nicht mit Strafpunkten belegt. **Ohren:** hoch angesetzt, eher kurz und nicht anliegend; ihre Länge sollte die halbe Gesamtlänge des Kopfes nicht übersteigen, sie sollten eher etwas kürzer sein, immer flach und lang behaart. **Zähne:** kräftig, weiß, vollkommen aneinander anliegend, Scherengebiß. **Hals:** muskulös, von den Schulterblättern abgesetzt, darf nicht allzu lang, dünn oder kurz sein. **Rumpf:** der Rücken ist gerade, die Kruppe leicht gerundet und sanft abfallend; die Rumpflänge muß größer als die Widerristhöhe – der Briard soll länglich sein. **Gliedmaßen:** gut bemuskelt, senkrecht, starkknochig; die Sprunggelenke sind nicht allzu nahe am Boden und so gewinkelt, daß der Fußrücken fast lotrecht ist. **Pfoten:** kräftig, rund (Übergang zwischen Katzen- und Hasenpfoten), die Ballen hart, die Krallen schwarz. **Rute:** unkupiert, reich befedert, bildet an der Spitze einen Haken, wird tief und nicht zur Seite getragen; muß bis zu den Sprunggelenken reichen oder maximal 5 cm über sie hinaus. **Haar:** lang und trocken (Ziegenfell), mit leichter Unterwolle. **Farbe:** gestattet sind alle einheitlichen Farben, dunkle werden bevorzugt; Tiere mit einem helleren Ton an den Haarspitzen gelten nicht als zweifarbig. **Größe:** die Widerristhöhe des Rüden ist 62-68 cm, die der Hündin 56-64 cm.

Herkunftsland: Frankreich

Der „Schäferhund der Picardie" stammt aus dieser nordfranzösischen Region, und seine Herkunft ist mit der Wanderung der Kelten verbunden, die Ende des 9. Jahrhunderts v. Chr. dorthin kamen. Sie brachten auch ihre Hütehunde mit, deren Nachkommen wir heute in ganz Europa begegnen. Die Keltenhunde kreuzten sich mit den ursprünglichen örtlichen Pinschern, Spitzen und europäischen Schäferhunden, so daß es nicht selten zu einer Vermischung unabhängiger Entwicklungszweige kam. Erst zu Beginn des 20. Jahrhunderts begannen sich unterschiedliche und eigenständige Schäferhundtypen herauszubilden, in Frankreich neben dem Briard und Beauceron auch der Picard. Obwohl auf einer Ausstellung Hunde dieser Art erstmals schon 1899 auftauchten, wurde der Berger de Picardie erst 1925 als eigene Rasse anerkannt. Er ist ein mutiges, selbständiges Tier und eignet sich vor allem als Wachhund.

Beschreibung: Kopf und Schädel: Kopf kräftig, nicht massig, proportioniert, Stop leicht markiert; Schädel ziemlich breit, aber nicht übertrieben, mit etwa 4 cm langem Haar bedeckt; die kräftigen Brauen dürfen die Augen nicht verdecken; Nasenrücken gerade, Nase schwarz, Lefzen trocken, schließend, typisch sind Backen- und Kinnbart. **Augen:** mittelgroß, nicht hervortretend, dunkel, von der Fellfarbe abhängend; der Ausdruck ist weder böse noch schüchtern. **Ohren:** mittelgroß, breit an der Basis, ziemlich hoch am Kopf angesetzt gerichtet, die Spitzen nur sanft gerundet. **Zähne:** schließen in mächtigen Kiefern ohne Vor- und Hinterbiß. **Hals:** kräftig, muskulös, mäßig lang, in Aktion gestreckt, Kopf wird stolz getragen. **Vorderläufe:** lange, schräggestellte Schulterblätter, gut bemuskelt Knochen trocken, die Gelenke gut sichtbar, Mittelfuß leicht nach hinten geneigt. **Rumpf:** tiefe Brust, darf nicht unter die Ellbogen reichen bzw. 1/5 der Widerristhöhe übersteigen; Rumpf etwas länger als hoch, Rücken gerade, Flanken gut gewölbt. **Hinterläufe:** lange, gut bemuskelte Keulen, stark ausgeprägte Knie, Läufe solide, tragen die Kruppe leicht, ohne Zeichen von Schwäche. **Pfoten:** rund, kurz, gut geschlossen, Krallen kräftig, kurz, dunkel. **Rute:** gut und genauso lang behaart wie der übrige Körper; reicht in der Ruhe bis zu den Sprunggelenken, herabhängend, an der Spitze leicht gebogen, kann in Aktion höher getragen werden, nie über dem Rücken. **Haar:** hart, halblang, ungewellt, nicht ganz glatt, harsch; etwa 5-6 cm lang, Unterwolle fein und dicht. **Farbe:** grau, dunkelgrau, grau mit schwarzen Abzeichen, graublau, rostgrau, hell oder dunkel fahlfarben und eine Mischung dieser Nuancen. **Größe:** Widerristhöhe des Rüden 60-65 cm, der Hündin 55-60 cm, Toleranz 2 cm.

Herkunftsland: Frankreich

Der „Schäferhund der Pyrenäen" stellt die westlichste Form des Entwicklungszweiges der Hütehunde asiatischer Herkunft dar, deren Wurzeln bis nach Tibet, zum heutigen Tibetan Terrier reichen. Auf der ganzen Iberischen Halbinsel kommen eine Reihe von Hütehund-Varietäten dieses Typs vor, in Spanien bekannt als Gos d'Atura Catalá, in Portugal als Cao da Serra de Aires, im französischen Teil in zwei Schlägen, die sich durch ihr Haarkleid unterscheiden, und zwar bärtig (à poil long) bzw. mit „glatten Wangen" (à face rase). Dieses Merkmal weist auf eine Verwandtschaft mit den ursprünglichen europäischen Schäferhunden hin, die heute als ungarischer Mudi bekannt sind. Eingekreuzt wurden offenbar auch der englische Collie und französische Schäferhunde. Der Berger des Pyrénées ist sehr lebhaft, klug und gelehrig, auch für die Wohnung geeignet, doch lieber ist er auf dem Lande.

Beschreibung: (bis auf die angegebenen Unterschiede ist der Standard für beide Schläge gemeinsam): **Kopf und Schädel:** Kopf mäßig entwickelt, Hirnschädel flach, Schädel relativ schmal, Stop sanft, Nasenrücken gerade, Fang keilförmig, Lefzen bedecken den Unterkiefer gut, Nase schwarz. **Augen:** dunkel, mit lebhaftem Ausdruck; bei Harlekinen und schiefergrauen Hunden glasfarbenes Auge gestattet. **Ohren:** relativ kurz, manchmal aufgerichtet, **Zähne:** verhältnismäßig groß, kräftig, Scherengebiß. **Hals:** eher lang, gut bemuskelt. **Vorderläufe:** trocken, sehnig, gut befedert. **Rumpf:** trocken, eher lang, Lenden kurz, gewölbt, Kruppe kurz, abfallend, Weichen schmal, Rippen leicht gewölbt, Brustkorb reicht bis zu den Ellbogen. **Hinterläufe:** muskulös, kurze Oberschenkel, Sprunggelenke niedrig, trocken, Afterkrallen gewöhnlich doppelt. **Pfoten:** trocken, eher flach, oval, dunkle Ballen, kleine Krallen. **Rute:** niedrig angesetzt, an der Spitze hakenförmig gebogen. **Haar:** lang oder halblang, dicht, anliegend oder leicht gewellt; am Fang kürzer, bildet einen Bart. Abweichungen des Schlages *à face rase:* Haar in der Gesichtspartie kurz, die Kiefer gestreckter, Körper nicht lang, Pfoten runder, Zehen gewölbter. **Farbe:** *à poil long:* sattrot mit oder ohne schwarze Haare, weißen Abzeichen an Kopf, Brust und Pfoten; dunkel- bis hellgrau, oft weiße Abzeichen an Kopf, Brust und Pfoten; harlekin; selten ist er rein schwarz mit oder ohne weiße Flecke; *à face rase:* schwarz, harlekin, gestromt, falb, alle Schattierungen, Melange von schwarzen und weißen Haaren mit weißen Abzeichen; Grau sehr selten. **Größe:** Widerristhöhe (*à poil long*) des Rüden 40-48 (bis 54 cm *à face rase*), der Hündin 38-46 cm (40-52 cm), Toleranz 2 cm.

Herkunftsland: Schweiz

Die Vorfahren des heutigen Berner Sennenhundes kamen in das Gebiet des gleichnamigen Schweizer Kantons offenbar schon mit den Römern, die hier zur Zeit Julius Cäsars die Macht erlangten. Sie sind entwicklungsmäßig also mit den römischen Molossern, doggenähnlichen Hunden asiatischer Herkunft, verwandt. Die Römer verwendeten sie als Kampfhunde und zur Arbeit bei Viehherden. An verschiedenen Stellen schufen die Nachkömmlinge dieser Hunde eine Reihe lokaler Formen, aus denen sich im Laufe der Zeit auch selbständige Rassen bildeten, wie der Rottweiler, der Bernhardiner oder der Berner Sennenhund und die ihm am nächsten stehenden Appenzeller, Entlebucher und Großer Schweizer Sennenhund. Sie dienten als Treib-, Zug- und Wachhunde sowie als Gefährten und Beschützer auf Reisen. Die attraktive Erscheinung und die Farbe des langen Haarkleides tragen dazu bei, daß diese Rasse immer beliebt ist.

Beschreibung: Kopf und Schädel: kräftiger Schädel, am Scheitel flach; Stirnfurche nur schwach gekennzeichnet, Stop sichtbar, nicht steil, Nasenrücken gerade, Lefzen nicht allzu deutlich. **Augen:** dunkelbraun, mandelförmig, mit geschlossenen, anliegenden Lidern. **Ohren:** mittelgroß, dreieckig, herabhängend, relativ hoch angesetzt, liegen in der Ruhe dem Kopf flach an. **Zähne:** kräftiges, vollständiges Scherengebiß. **Hals:** kräftig, muskulös, mäßig lang. **Vorderläufe:** lange, schräggestellte Schulterblätter, bilden mit dem Schulterknochen einen stumpfen Winkel, liegen dem Brustkorb flach an, sind gut bemuskelt; Läufe gerade, kräftig, gut bemuskelt, parallel, Mittelfuß leicht schräg. **Rumpf:** rechteckig, Verhältnis der Höhe zur Länge 9:10; Brustkorb breit und tief, reicht mindestens bis zur Ellbogenlinie, Rippen gut entwickelt, gewölbt, oval gerundet, Vorderbrust gut entwickelt, Lenden kräftig, Rücken gerade, fest, Kruppe sanft gerundet. **Hinterläufe:** kräftige, muskulöse Keulen, die Oberschenkelknochen sind eher lang, die Sprunggelenke sind gut gewinkelt, breit und kräftig, Afterkrallen werden beseitigt. **Pfoten:** rund und geschlossen. **Rute:** lang, reicht bis unter die Sprunggelenke, doch nicht auf den Boden, stark behaart bis zottig, wird etwas höher getragen. **Haar:** lang, anliegend oder leicht gewellt. **Farbe:** tiefschwarze Grundfarbe mit satten braunroten Abzeichen an den Wangen, über den Augen, an allen Läufen und an der Brust; weißer symmetrischer Streifen am Kopf (Blesse), weißes Abzeichen in Form eines Kreuzes an der Brust; erwünscht, aber nicht unerläßlich ist Weißfärbung der Pfoten höchstens bis zum Vordermittelfuß und weiße Rutenspitze; weiße Flecke in der Nackengegend und unter der Rute unerwünscht, aber zulässig. **Größe:** Widerristhöhe des Rüden 64-70 cm, der Hündin 58-66 cm.

Herkunftsland: Belgien/Frankreich

Der belgisch-französische „Kraushaar-Bichon" ist seit dem 15. Jahrhundert bekannt, Zwerghunde dieses Typs werden schon in der Antike erwähnt. Trotz ihrer Verfeinertheit und Eleganz reicht der Ursprung dieser Begleiter vornehmer Damen bis zu den Treib- und Wasserhunden des Altertums zurück. Für spezielle Jagden wurden diese Laufhunde durch ein besonderes Schnürenhaar angepaßt, wie es noch im vorigen Jahrhundert beim deutschen Schafpudel oder französischen Barbet bekannt war. Üblich war ihre Kreuzung mit Schäferhunden asiatischer Herkunft vom Typ des Tibetan Terrier, was sich in der Behaarung und im gesellschaftlichen Charakter äußerte. Eine gezielte Auswahl und Zucht für die Königs- und Adelshöfe ganz Europas führte dann über eine merkliche Verkleinerung und Verfeinerung zu der Erscheinung, die wir heute kennen.

Beschreibung: Kopf und Schädel: Hirnschädel größer als der Fang, Schädelumfang entspricht der Widerristhöhe; Nase rundlich, schwarz, glatt und glänzend; Lefzen zart, gut schließend, schwarz pigmentiert; Backen flach, nicht allzu bemuskelt, Stop markant, Schädel eher flach, doch bewirkt der Schopf, daß der Kopf gewölbt aussieht; Stirnfurche nur leicht angedeutet. **Augen:** möglichst dunkel, rundlich, nie mandelförmig; lebhaft, nicht allzu groß, zeigen nicht das Weiße und treten nicht so hervor wie z.B. beim Griffon bruxellois oder Pekingesen. **Ohren:** herabhängend, gut mit langem Kraushaar bedeckt, eher rundlich, bei Erregung mehr nach vorn gestellt, in der Ruhe berühren sie den Kopf; nicht so lang, um bis zur Nase zu reichen wie beim Pudel, sondern gehen nur bis zur Hälfte des Fanges, sind breiter und feiner als bei diesem. **Hals:** genügend lang, hoch, stolz getragen, rundlich und schlank am Schädel, verbreitert sich allmählich an den Schultern. **Vorderläufe:** gerade, feinknochig, Mittelfuß kurz und gerade. **Rumpf:** entwickelter Brustkorb mit ausgeprägter Vorderbrust, Flanken gerundet, Weichen zum Bauch aufgezogen, Lenden sind breit und gut bemuskelt, leicht gewölbt, Becken breit, Kruppe leicht gerundet. **Hinterläufe:** Keulen breit, gut bemuskelt, Sprunggelenke etwas mehr gewinkelt als beim Pudel. **Pfoten:** kräftig, Krallen am liebsten schwarz. **Rute:** etwas unterhalb der Rückenlinie angesetzt, in der Ruhe erhoben, in Wirbelsäulenhöhe anmutig gebogen, nicht geringelt; wird nicht kupiert und darf nicht zurückgeklappt werden, auch wenn das lange Haar auf den Rücken fallen kann. **Haar:** fein, seidig, korkenzieherlockig, locker, 7-10 cm lang, getrimmt werden nur Pfoten und Fang. **Farbe:** reinweiß. **Größe:** Widerristhöhe nicht größer als 30 cm.

Herkunftsland: Großbritannien

Der Border Terrier wurde nicht der Schönheit wegen gezüchtet: in der Gegend, aus der er stammt – das Grenzgebiet zwischen England und Schottland – war vor allem ein vielseitiger, zäher, ausdauernder und temperamentvoller Hund notwendig, der es an Mut mit Füchsen aufnehmen konnte und durch Gewandtheit und Härte ein ebenbürtiger Gegner für sie wurde. Zu seiner heutigen Erscheinung formte man ihn auf dem Herrschaftsgut von Lord Lonsdale in Lowther, wo er am Ende des 18. Jahrhunderts gemeinsam mit Foxhounds arbeitete. Nach und nach wurde er unter vielen örtlichen Namen bekannt, bis man ihn 1920 unter der heute üblichen Bezeichnung in das Stammbuch des Kennel Club eintrug. Obwohl er vom Charakter her ein typischer Terrier ist, also ein Jäger und Wachhund, macht ihn seine Größe und Anpassungsfähigkeit samt Rücksichtnahme auf Kinder auch zu einem geeigneten Begleiter für die Stadt.

Beschreibung: Kopf und Schädel: otterähnlich, am Hirnschädel mäßig breit, der Fang ist kurz und kräftig; eine schwarze Nase wird bevorzugt, doch kann sie auch leberbraun oder fleischfarben sein. **Augen:** dunkel, mit lebhaftem Ausdruck. **Ohren:** klein, V-förmig, mäßig stark, nach vorn gekippt, mit dem Innenrand den Backen anliegend. **Zähne:** in den Kiefern senkrecht stehend, Scherengebiß, zulässig auch Zangengebiß. **Hals:** mittellang. **Vorderläufe:** gerade, nicht grobknochig. **Rumpf:** tiefer Brustkorb, schmal und ziemlich lang; die Rippen sind nicht allzu gewölbt, aber tief und weit nach hinten reichend, die Lenden kräftig. **Hinterläufe:** gut zum Laufen geeignet. **Pfoten:** klein, mit kräftigen Ballen. **Rute:** eher kurz, am Ansatz kräftig, sich verjüngend, hoch angesetzt, vergnügt getragen, aber nicht über dem Rücken. **Haar:** harsch und dicht, mit anliegender Unterwolle; die Haut kann kräftig sein. **Farbe:** rot, weizengelb, grizzly (gestromt, meliert) mit lohfarbenen (tan) Abzeichen oder blau mit lohfarbenen Abzeichen. **Größe:** gibt der Standard nicht an; das Körpergewicht des Rüden beträgt 13-15,5 lb (5,9-7,1 kg), das der Hündin 11,5-14 lb (5,1 bis 6,4 kg).

Herkunftsland: USA

Mit den neuen englischen Siedlern gelangte auch die in England schon illegale Leidenschaft für Hundekämpfe in die Neue Welt. Zu Hause wurden dafür Mischlinge aus der Bulldogge und Terriern verwendet, wodurch einmal die Grundlage für den English Bull Terrier und Staffordshire Bull Terrier gegeben war und zum anderen für den American Staffordshire Terrier und den Boston Terrier. Boston wurde nämlich in der zweiten Hälfte des 19. Jahrhunderts für seine Hundekämpfe bekannt. Die weitere Beimischung von Blut der Französischen Bulldogge und des Boxers führten zur Herausbildung einer Rasse, die 1893 als selbständig anerkannt wurde und hier mehr als Boston Bull oder Toy Bulldog bekannt ist. Aus dem ehemaligen Kämpfer ist heute ein prächtiger Gefährte geworden, durch seine Größe und das kurze Haarkleid ideal für eine Haltung in der Stadt.

Beschreibung: Kopf und Schädel: eckig, oben flach, ohne Runzeln, die Backen flach, der Stop gut markiert. **Augen:** weit auseinanderliegend, groß und rund, dunkel gefärbt, mit einem lebhaften, liebenswürdigen und intelligenten Ausdruck. **Ohren:** klein, zart, möglichst weit in den „Ecken" des kantigen Schädels und aufrecht getragen. **Zähne:** kurz und regelmäßig, Zangengebiß oder mit leichtem Hinterbiß. **Hals:** genügend lang, leicht gewölbt. **Vorderläufe:** korrekt, breit stehend, starkknochig und gut bemuskelt, der Mittelfuß kurz und kräftig, ohne auswärts gedrehte Ellbogen. **Rumpf:** tief, mit genügend breitem Brustkorb, der Rücken kurz, die Rippen tief und richtig gewölbt, die Lenden kurz und bemuskelt. **Hinterläufe:** in den Knien gehörig gewinkelt, die Sprunggelenke gut geneigt, die Oberschenkel kräftig und voll bemuskelt. **Pfoten:** rund, klein, geschlossen, weder einnoch auswärts gedreht; die Zehen gut gewölbt. **Rute:** tief angesetzt, kurz, zart, sich verjüngend, gerade oder geschraubt, ohne längere oder gröbere Befederung, nie über der Rückenlinie getragen. **Haar:** kurz, glatt, glänzend und fein im Griff. **Farbe:** gestromt mit weißen Abzeichen oder schwarz mit weißen Abzeichen; gestromt mit Abzeichen wird bevorzugt; die Abzeichen liegen möglichst am Fang, von wo das Weiß als Blesse auf den Kopf übergeht, weißer Kollar am Hals, weiße Abzeichen an der Brust und einem Teil oder den ganzen Vorderläufen sowie unter den Sprunggelenken der Hinterläufe. **Größe:** gibt der Standard nicht an; das Körpergewicht liegt nicht über 25 lb (11,34 kg), wobei folgende Gewichtsklassen unterschieden werden: leichter Schlag unter 15 lb (6,8 kg), mittlerer Schlag 15-20 lb (6,8-9,07 kg), schwerer Schlag 20-25 lb (9,07-11,34 kg).

Herkunftsland: Frankreich

Die Französische Bulldogge ist eine Art kontinentales Pendant zum englischen Bulldog und nach Frankreich wahrscheinlich erst mit den Webern gelangt, die sich bei ihrer Rückkehr aus England in den siebziger und achtziger Jahren des 19. Jahrhunderts einen beliebten Toy Bulldog mitbrachten. Kleinere doggenartige Hunde waren in Europa jedoch schon viel früher bekannt, in Spanien wurde bereits 1625 eine Bulldogge – Dogue de Burgos genannt – abgebildet. Im Blut der Französischen Bulldogge ist auch Terrierblut vertreten, wodurch sie als einzige Rasse dieses Typs aufgestellte Fledermausohren hat, die ihr einen unverwechselbaren und charakteristischen Ausdruck und Anblick verleihen. Wegen ihres lieben und fröhlichen Charakters hat sie nicht nur in Frankreich und Europa rasch außerordentliche Beliebtheit gewonnen, sondern auch in Übersee. Dank ihrer Größe und üblicher Pflege wird sie zu einem modernen Begleiter eines städtischen Halters.

Beschreibung: Kopf und Schädel: mächtig, breit, viereckig, Fang breit, sehr kurz, Nase hochgestülpt, Nasenlöcher geöffnet, Nasenrücken kurz, breit, mit symmetrischen Falten, Kiefer breit und kräftig, der Unter- vor den Oberkiefer geschoben. Stop steil, Hinterhauptbein nicht ausgeprägt. **Augen:** niedriggelegen, weit von der Nase und besonders von den Ohren entfernt, ziemlich groß, rund, dunkel, leicht hervortretend, mit lebhaftem Ausdruck. **Ohren:** mittelgroß, am Ansatz breit, an der Spitze gerundet, hoch angesetzt, weit auseinander, aufrecht getragen. **Zähne:** ein Mangel ist Hinter- oder zu großer Vorbiß des Unterkiefers. **Hals:** kurz, leicht gewölbt, ohne Wamme. **Vorderläufe:** gerade, Schultern kurz, kräftig, bemuskelt, Ellbogen liegen dem Körper an, Unterarme kurz, gerade, muskulös, Mittelhand und Handwurzel kurz, kräftig. **Rumpf:** breiter, tiefer, zylindrischer Brustkorb, Rippen stark gerundet, Rücken breit, muskulös, Lenden kurz, gedrungen; Bauch und Weichen sanft aufgezogen, Kruppe schräg. **Hinterläufe:** feste, muskulöse Keulen, etwas länger als die Vorderläufe, so daß die Kruppe höher ist als der vordere Körperteil; Sprunggelenke niedrig, nicht einwärts gebogen, Fußrücken und Fußwurzel kurz und fest. **Pfoten:** klein, rundlich, Ballen kräftig, fest, Krallen kurz, kräftig, dunkel, zulässig auch Hornfarbe. **Rute:** kurz, tief angesetzt, an der Wurzel stark, gedreht oder natürlich gebrochen, auch in der Bewegung unter der Rückenlinie getragen. **Haar:** anliegend, glatt, glänzend, fein. **Farbe:** gestromt: das Deckhaar ist eine Mischung aus Schwarz und Gold, zulässig weiße Abzeichen an Brust und Kopf; weiß und gestromt: Grundfarbe Weiß, darauf gestromte Platten, ganz weiß. **Größe:** Körpergewicht nicht unter 8 und über 14 kg.

Herkunftsland: Belgien/Frankreich

Im Tiefland der Weidegebiete Flanderns verwendeten die hier leben-
den Flamen und Wallonen im 16. und in der ersten Hälfte des 17. Jahrhunderts diesen vielseitigen Hüte- und Treibhund. Zu seinen Vorfahren
gehören sowohl die traditionellen mitteleuropäischen Bullenbeißer,
die Vorläufer des späteren Rottweilers und Boxers, als auch die ursprünglichen Schäferhunde vom Typ Belgischer oder Deutscher Schäferhund, zweifellos aber auch die Pinscher, wovon die nicht zufällige
Ähnlichkeit dieses flandrischen Treibhundes mit dem Riesenschnauzer
zeugt. Nach älteren Abbildungen hatte der Bouvier des Flandres es
auch nicht weit zu den französischen Schäferhunden Briard und Beauceron, sein nächster Verwandter ist der Bouvier des Ardennes. Als selbständige Rasse ist er erst seit 1910 auf Ausstellungen bekannt. Heute
hat er seine Arbeitsfunktion bereits verloren und ist zu einem aufmerk-
samen Begleiter und Gesellschafter geworden.

Beschreibung: Kopf und Schädel: Kopf massiv, mit ausdrucksvollem Bart, Schädel gut entwickelt, eher lang als breit, die Oberlinien von Hirnschädel und Nasenrücken verlaufen parallel, das Verhältnis der Länge der Schädelpartie zur Länge des Fanges ist etwa 3:2; Stop gering, Fang geräumig, kräftig, zur Nasenspitze hin leicht gewölbt, nicht spitz zulaufend, Nase gut entwickelt, rundlich, immer schwarz, gut geöffnete Löcher. **Augen:** weder vortretend noch zu tiefliegend, oval, möglichst dunkel je nach Fellfarbe, von lebhaftem Ausdruck. **Ohren:** hoch am Kopf angesetzt und gut beweglich. **Zähne:** in kräftigen und gleich langen Kiefern starkes Scheren- oder Zangengebiß. **Hals:** kräftig, bemuskelt, leicht gewölbt, ohne Wamme und frei getragen. **Vorderläufe:** starkknochig, gut bemuskelt und vollkommen gerade. **Rumpf:** kräftig und kurz, quadratisches Format; der Brustkorb reicht bis zur Höhe der Ellbogen, Rippen gut entwickelt und gewölbt, Weichenpartie kurz, besonders beim Rüden, Bauch nur leicht aufgezogen, Lenden kurz und gut bemuskelt. **Hinterläufe:** kräftig, mit gut gekennzeichneten Muskeln, in der Bewegung mit den Vorderläufen kongruent. **Pfoten:** relativ groß, gerundet und geschlossen, mit kräftigen Ballen und Krallen: **Rute:** wird auf die Länge von zwei bis drei Wirbeln kupiert, in Aktion fröhlich getragen; geworfen werden auch Hunde ohne Schwanz, was kein Mangel ist. **Haar:** weder zu lang noch zu kurz, trocken und schwer, leicht aufgeschüttelt, aber nicht gelockt; besonderer Nachdruck wird auf den Bart – als Kinn- und Schnurrbart – gelegt. **Farbe:** ganz falb oder grau, oft gestromt oder wie Holzkohle, zulässig auch schwarz. **Größe:** Widerristhöhe des Rüden 62-68 cm, der Hündin 59-65 cm; Körpergewicht des Rüden 35-40 kg, der Hündin 27-35 kg.

Herkunftsland: Großbritannien

Gilt als der Gipfel der englischen und weltweiten Züchterkunst: außergewöhnlich, extravagant, unverwechselbar und unnachahmlich – nicht nur Rasse, sondern Symbol. Seine endgültige Erscheinung bildete sich erst um die Mitte des 19. Jahrhunderts heraus, nach dem Verbot der Kämpfe von Hunden mit Stieren, aber Hunde dieses Typs kannte England schon zu Beginn des 13. Jh., als sog. kleinen Mastiff, einen Abkömmling der einst von phönizischen Seefahrern mitgebrachten Molosserhunden. Den Begriff *canis britannicus* führten bereits die Römer, die hier mit Julius Cäsar landeten, in die Weltliteratur ein. Aus einem Treibhund wurde der englische Bulldog für den Kampf in der Arena gezüchtet. Heute zeichnet er sich durch Ruhe, Besonnenheit und Freundlichkeit aus, ohne aber im Bedarfsfalle Courage und Zähigkeit vermissen zu lassen. Seine Zucht ist schwierig, besonders außerhalb des typischen Inselklimas.

Beschreibung: Kopf und Schädel: Kopf groß, sehr breit, eckig, Backen rundlich, Stirn flach, die Haut darauf und am Kopf lose, runzlig; tiefe Faltung zwischen den Augen, Fang kurz, breit, aufwärts gerichtet. Nase und Nüstern groß, breit, schwarz, Lefzen kräftig, breit, herabhängend, sehr tief, bedecken bei geschlossenem Maul die Zähne, Kiefer breit, massiv, eckig. **Augen:** relativ tief am Kopf, weit auseinanderstehend, rund, mäßig groß, sehr dunkel. **Ohren:** hoch am Kopf, weit voneinander und von den Augen entfernt, verhältnismäßig klein, dünn, korrekt ist ein sog. Rosenohr. **Zähne:** groß und kräftig. **Hals:** mäßig lang, sehr kräftig und tief, Nacken gewölbt, mit vielen starken Runzeln und Falten an der Kehle. Wamme vom Unterkiefer bis zur Brust. **Vorderläufe:** fest, kräftig, weit auseinanderstehend, muskulös, gerade, tiefe Ellbogen und kurzer Mittelfuß, **Rumpf:** breiter Brustkorb, tief, gewölbt, Rücken kurz, kräftig, breit in den Schultern, relativ schmal in der Lendenpartie, Rückenlinie steigt sanft auf. **Hinterläufe:** groß, muskulös, länger als die Vorderläufe, Kniegelenke leicht nach außen gedreht, Sprunggelenke tief, Hinterpfoten nach außen gedreht. **Pfoten:** rund, fest, mittelgroß, geschlossen, kräftige Zehen. **Rute:** tief und gerade angesetzt, dann nach unten gebogen, rundlich, glatt, eher kurz, dick am Ansatz zur Spitze hin sich verjüngend, dort ohne Krümmung, nie über dem Rücken getragen. **Haar:** fein, kurz, anliegend, glatt. **Farbe:** einheitlich oder mit Flecken, ganzfarbig mit schwarzer Maske oder Fang; zulässig sind nur reine Farben, gestromt, alle Schattierungen rot, fahlgelb usw., weiß und buntscheckig oder eine Kombination von Weiß mit einer der angegebenen Farben. **Größe:** Körpergewicht des Rüden 55 lb (25 kg), der Hündin 50 lb (22,7 kg).

Herkunftsland: Großbritannien

In der zweiten Hälfte des 19. Jahrhunderts begannen die englischen Förster und die Wächter von Adelsgütern, bei den Zusammenstößen mit Wilddieben und Räubern einen kräftigen und mutigen Hund wie den Mastiff und einen kämpferischen, zähen und hartnäckigen wie den Bulldog zu verwenden. Durch die Kreuzung beider Rassen kamen um 1860 herum die ersten Bullmastiffs zustande, neuzeitliche Nachfahren der antiken Gladiatorenhunde und Molosser. Da die Bullmastiffs meist nachts oder im Halbdunkel arbeiteten, bevorzugte man gestromte Tiere, die im Schatten des Waldes sozusagen unsichtbar waren. Ihr Geruchsvermögen wurde durch das Blut des Chien de Saint-Hubert (Bloodhound) noch verstärkt. Als selbständige Rasse wurde der Bullmastiff überraschenderweise erst 1924 offiziell registriert. Er bleibt weiterhin ein zuverlässiger Wächter, aber auch ein Betreuer der Kinder und ein guter Gefährte.

Beschreibung: Kopf und Schädel: groß, eckig; faltig, der Kopfumfang entspricht der Widerristhöhe; Kopf breit, tief, mit gut markierten Backenknochen, Stop ausgeprägt, Fang kurz, breit, endet eckig und bildet einen rechten Winkel mit der Oberlinie des Gesichts; Unterkiefer breit, Nase breit mit weit geöffneten Nüstern. **Augen:** dunkel- oder nußbraun, mittelgroß, weit auseinanderstehend, zwischen ihnen verläuft eine Stirnfurche. **Ohren:** V-förmig, nach hinten gerichtet, hoch am Kopf angesetzt, weit auseinander, relativ klein, dunkler gefärbt als der übrige Körper; ein Rosenohr höchst unerwünscht. **Zähne:** groß, kräftig, in einer Ebene, gut eingesetzt. **Hals:** hübsch gewölbt, mäßig lang, sehr bemuskelt. **Vorderläufe:** gut geneigte, kräftige Schulterblätter, Läufe kraftvoll, gerade, mit guten Knochen, weit auseinandergetellt, bilden eine gerade Brust; Mittelfuß gerade und kräftig. **Rumpf:** kurzer, gerader Rücken, kurz aufgezogen, Brustkorb breit und tief, Schultern bemuskelt. **Hinterläufe:** breite, muskulöse Lenden mit tiefen Weichen, Läufe kräftig, muskulös, aber nicht schwerfällig; Sprunggelenke mäßig geneigt. **Pfoten:** gut gewölbt, gewölbte Zehen, harte Ballen, Krallen schwarz. **Rute:** hoch angesetzt, kräftig an der Wurzel, dann schmäler, reicht bis zu den Sprunggelenken, gerade oder gebogen getragen. **Haar:** kurz und hart, witterungsbeständig, liegt am Körper an. **Farbe:** alle Schattierungen gestromt, fahlgelb oder rot, die Farbe muß rein und klar sein; leichte weiße Abzeichen unerwünscht; typisch ist Schwarzfärbung des Fanges zu den Augen hin, mit dunklen Abzeichen um die Augen. **Größe:** Die Widerristhöhe des Rüden ist 25-27 Zoll (63,5-68,5 cm), die der Hündin 24-26 Zoll (61-66 cm); das Körpergewicht des Rüden beträgt 110-130 lb (49,9-59 kg), der Hündin 90-110 lb (41-49,9 kg).

CAIRN TERRIER

Herkunftsland: Großbritannien

Der Cairn Terrier und seine anderen nahen Verwandten, der West Highland White Terrier und der Scottish Terrier, sind auf den steinigen Inseln der Hebriden, auf der Insel Skye und dem felsigen schottischen Hochland beheimatet. Hier konnte sich bei der Fuchsjagd oder beim Verfolgen von Schadwild nur ein außerordentlich widerstandfähiger, flinker, wendiger und ausdauernder Hund durchsetzen, der auch das rauhe Klima vertrug. Typisch für alle Terrier dieser Region war daher ein rauhes, dichtes Haarkleid in Grau oder in Pfeffer und Salz. Dieses Fell und seinen lebhaften, temperamentvollen und freundlichen Charakter hat sich der Cairn Terrier bis heute bewahrt, auch wenn seine jagdliche Verwendung zugunsten der Stellung eines Begleiters in den Hintergrund getreten ist.

Beschreibung: Kopf und Schädel: klein, aber proportional zur Gesamtkörpergröße; der Stop ist ausgeprägt, der Fang kräftig, genau wie die Kiefer, die aber nicht lang oder grob sind; die Nase ist schwarz, der Kopf gut geformt. **Augen:** weit auseinanderstehend, mittelgroß, dunkelbraun und leicht tiefliegend, mit zerzausten Brauen. **Ohren:** klein, spitz zulaufend, gut getragen und aufgerichtet, nicht zu eng beieinander und nicht allzu behaart. **Zähne:** groß, kräftige Kiefer, Scherengebiß. **Hals:** richtig angesetzt, nicht kurz. **Rumpf:** mittellanger, gerader Rücken; die Rippen sind gut gewölbt und tief, die Lenden elastisch. **Gliedmaßen:** mittellang, stark-, aber nicht grobknochig, von harschem Haar bedeckt, die Oberschenkel kräftig und muskulös, die Sprunggelenke niedrig, weder ein- noch auswärts gedreht. **Pfoten:** an den Vorderläufen größer als an den Hinterläufen, können leicht nach außen gedreht sein; die Ballen hoch und fest. **Rute:** kurz, ausgewogen, gut befedert, aber ohne Fransen, weder zu hoch noch zu tief angesetzt, vergnügt getragen, doch nie herabhängend. **Haar:** ist sehr wichtig; wetterfest, muß gut entwickelte Unterwolle haben, die kurz, weich und dicht ist; das Deckhaar ist dicht und hart, aber nicht grob; es kann leicht gewellt sein. **Farbe:** creme-, weizenfarben, rot, grau bis schwärzlich; gestromt in allen diesen Farben ist zulässig, aber nicht ganz schwarz, weiß oder schwarzlohfarben (black and tan); sehr typisch sind dunkle Fellspitzen des Deckhaares an Ohren und Fang. **Größe:** die Widerristhöhe beträgt im Durchschnitt 11-12 Zoll (28-31 cm), steht aber immer im Verhältnis zum idealen Körpergewicht, das zwischen 14 und 16 lb (6 und 7,5 kg) liegt.

Herkunftsland: Frankreich

Der Pudel stellt heute in seinen vier Größen- und fünf Farbvarietäten eine typische Begleithundrasse dar; sein französischer Name leitet sich jedoch von „chien canard" ab, einem zur Entenjagd verwendeten Hund. Seine unmittelbaren Vorläufer, der französische Barbet und der deutsche Schafpudel, galten noch Anfang des 19. Jahrhunderts als Jagdspezialisten. Diese Rassen entstanden durch Kreuzung uralter Stöberhunde, keltischer Treibhunde und sogar von Hütehunden vom Typ des späteren Briard. Davon zeugt auch das typische Haarkleid z.B. des ungarischen Puli, des Komondor oder des italienischen Cane da Pastore Bergamasco. Nach 1800 wurde er eine gefragte Salonrasse – man verfeinert ihn nach und nach, es kommt zu einer überlegten Schur seines Haarkleides, und es stabilisieren sich Größen und Farbschläge. Auch heute steht der Pudel durch seine Zutraulichkeit, Verspieltheit und Ergebenheit weiterhin in hoher Gunst.

Beschreibung: Kopf und Schädel: edel, gerade Linien, gut proportioniert, Nase ausdrucksvoll, gut entwickelt. Bei schwarzen, weißen und silberfarbenen Hunden braun, bei braunen braun bis schwarz; Nasenrücken gerade, Fang kräftig, Lefzen schwach entwickelt, eher trocken, mittelstark. Hirnschädel richtig geformt, Augenbrauenbögen sanft geschwungen, lang behaart. **Augen:** in der Höhe des Stops, leicht geschrägt, mandelförmig; außer bei Braunen mit bernsteinfarbenen Augen sind sie schwarz oder tiefbraun. **Ohren:** ziemlich lang, herabhängend, den Backen anliegend, flach, mit langem gewelltem Haar bedeckt. **Zähne:** kräftiges, normales geschlossenes Gebiß. **Hals:** fest, mit leicht gewölbtem Nacken, mittellang, proportioniert, der Kopf wird stolz nach oben getragen. **Vorderläufe:** schräggestellte Schulterblätter, gut bemuskelt; Läufe gerade, parallel, elegant, mit guten Knochen. **Rumpf:** vollkommen proportioniert, gewöhnlich länger als Widerristhöhe; der Brustkorb reicht bis zu den Ellbogen, Rippen oval gewölbt, Rücken kurz, weder gewölbt noch eingedrückt, Widerrist und Kruppe in einer Linie; Lenden fest und muskulös, Bauch und Weichen sanft aufgezogen. **Hinterläufe:** bemuskelte Keulen, die Läufe von hinten parallel, Winkelung nicht zu steil. **Pfoten:** eher klein, fest geschlossen, kurzoval, und gewölbte Zehen, zwischen ihnen „Schwimmhäute"; Ballen kräftig. **Rute:** hoch angesetzt, in Lendenhöhe. **Haar:** gekräuselt, reich, fein gelockt, geringelt, dicht, Schnürhaar reich, wollig, dicht, bildet Schnüre gleicher Länge, mindestens 20 cm. **Farbe:** braun, silberfarben, aprikot. **Größe:** Widerristhöhe beim Großpudel 45-48 cm, beim Kleinpudel 35-45 cm, beim Zwergpudel 28-35 cm, beim Toy Pudel bis 28 cm (seine ideale Widerristhöhe ist 25 cm).

Herkunftsland: Tschechien

Die ursprünglichen tschechischen Jagd- und Laufhunde, vom Chronisten seinerzeit *canis bohemicus* genannt, tauchten im Königreich Böhmen bereits in der ersten Hälfte des 14. Jahrhunderts auf. Erst vier Jahrhunderte später begann man die Jagdhunde in ganz Europa ausgeprägter zu spezialisieren, und so erscheinen rauhhaarige Vorstehhunde, vor allem die französischen „Griffons" und die italienischen „Spinoni". Der Český Fousek, ein Stichelhaar vielseitiger jagdlicher Verwendung, gehört zu den ältesten Vorstehhunden dieses Typs in Europa und beteiligte sich nachweislich an der Entstehung weiterer, heute vielleicht bekannterer Rassen. Bis in die Gegenwart hinein wurde er vor allem dank den Bemühungen des 1881 gegründeten „Landesvereins zur Zucht und Abrichtung von Jagdhunden im Königreich Böhmen" erhalten. Dieser gut führige, intelligente Hund ist sehr freundlich und ergeben.

Beschreibung: Kopf und Schädel: trocken, lang, schmal, hoch am Hals angesetzt; Fang etwas länger als der Hirnschädel, Nasenrücken sanft konvex, ramsnasig, Nase breit, dunkelbraun; obere Lefze reicht über die untere, Stop gering, Augenjochbögen ausgeprägt, machen den Kopf eckig. **Augen:** hoch eingesetzt, tiefliegend, mandelförmig, hell- bis dunkelbraun. **Ohren:** hoch angesetzt, weit auseinanderstehend, reichen bis zu 2/3 der Backen. **Zähne:** perfektes Scherengebiß in kräftigen Kiefern, vollständig und gut entwickelt. **Hals:** mittellang, trocken und in den Schultern hoch angesetzt. **Vorderläufe:** senkrecht, gerade, markante, trockene Muskulatur, Mittelfuß relativ kurz, fast senkrecht. **Rumpf:** an der Naht von Brust und Schulter, leierartig geformt; Brustkorb oval, Rippen elastisch, Brustkorb reicht in der Tiefe bis zu den Ellbogen; Vorderbrust ist gut entwickelt, Brustbein hervortretend, Widerrist ausgeprägt, Rücken fest, gerade, Lenden leicht gewölbt, Kruppe sanft abfallend, genügend breit und lang. **Hinterläufe:** weit auseinanderstehend, gut gewinkelt, Oberschenkel breit, Sprunggelenke nicht allzu hoch, trocken. **Pfoten:** geschlossen, Zehen gut gewölbt, Krallen dunkelbraun bis schwarz, die hinteren löffelförmig. **Rute:** mittelkräftig, in Rückenhöhe angesetzt, waagerecht oder leicht nach oben getragen; wird um 3/5 der Länge kupiert. **Haar:** weiche, dichte Unterwolle, etwa 1,5 cm lang; Deckhaar 3-4 cm lang, hart, gerade, gut anliegend, an Vorderbrust, Rücken, Weichen und Schultern 5-7 cm, an der Rückseite der Läufe länger. **Farbe:** weiß mit oder ohne weiße Platten; braun mit oder ohne durchwachsene Abzeichen an der Vorderbrust und am unteren Teil der Läufe. **Größe:** Widerristhöhe des Rüden 60-66 cm, der Hündin 58-62 cm.

Herkunftsland: Tschechien

Der Wunsch nach einem Jagdterrier, der sich für eine Arbeit unter Bedingungen, die sich von der schottischen Heimat doch unterscheiden, besser eignet, veranlaßte Anfang der fünfziger Jahre dieses Jahrhunderts den tschechischen Züchter F. Horák, Scottish und Sealyham Terrier miteinander zu kreuzen. Außer dem praktischen Ergebnis – einem merklich höheren und leichteren Körperbau, Kippohren und einem kürzeren Haarkleid – entstand eine auch in der Erscheinung so attraktive Rasse, daß sie bald das Interesse anderer Halter nicht nur aus Jägerkreisen erregte, die seine Schärfe, Härte, Widerstandsfähigkeit und Bereitwilligkeit bei Erdarbeiten wie auch bei der Treibjagd in der Meute zu schätzen wußten. Beliebt ist er durch seinen lieben, geselligen Charakter. International wurde er 1963 anerkannt. Sein Haar erfordert eine sorgfältige Pflege.

Beschreibung: Kopf und Schädel: verhältnismäßig lang, Nase groß, gut geformt, bei Graublauen schwarz, bei Kaffeefarbenen leberbraun; Nasenrücken gerade; Kiefer kräftig, Stop kenntlich; der Kopf bildet einen langen, stumpfen, nicht zu hohen Keil. **Augen:** mittelgroß, eher tiefliegend, mit sanftem Ausdruck, von überhängendem Haar gut bedeckt; bei Graublauen braun bis dunkelbraun, bei Kaffeefarbenen hellgelb. **Ohren:** mittelgroß, gekippt, verhältnismäßig hoch angesetzt, den Schläfen eng anliegend, dreieckig. **Zähne:** Zangen- oder Scherengebiß. **Hals:** mittellang, relativ kräftig, schräg getragen. **Vorderläufe:** gerade, starkknochig. **Rumpf:** mittellang; Rückenlinie gerade, nur in der Lendenpartie sanft gewölbt, Brustkorb eher zylindrisch; Rippen gewölbt, die muskulösen Lenden relativ lang, breit, leicht gewölbt, Bauch sanft aufgezogen, Weichen ausgefüllt, Kruppe kraftvoll, sanft geneigt. **Hinterläufe:** starke Knochen und mächtige Keulen; die relativ kurzen Unterschenkel zeigen schräg nach hinten, Läufe gut gewinkelt, Sprunggelenke hoch und kräftig. **Pfoten:** an den Vorderläufen groß, gewölbte Zehen, kräftige Krallen, volle Ballen, Hinterpfoten kleiner. **Rute:** etwa 18-20 cm lang, kräftig, nicht zu hoch angesetzt, in der Ruhe nach unten oder leicht aufgezogen getragen. **Haar:** am ganzen Körper dicht, von seidigem Glanz. **Farbe:** graublau oder hell kaffeebraun; bei beiden Färbungen gelbe, graue und weiße Abzeichen an Kopf, Hals, Brustkorb und Bauch, an den unteren Teilen der Läufe und unter der Rute zulässig; manchmal kommt eine weiße Rutenspitze oder ein weißer Halskragen vor. **Größe:** Widerristhöhe 27-35 cm, Körpergewicht 6-9 kg.

CHIEN D'ARTOIS

Herkunftsland: Frankreich

Im 17. Jahrhundert breitete sich die Parforcejagd als moderne Jagdmethode von Frankreich und England auf das ganze damalige Europa aus. Begleitet von einer zahlreichen Meute mittelgroßer Treibhunde verfolgten Reiter auf Pferden einen in der Regel schon vorher gefangenen und nur zu Jagdzwecken wieder losgelassenen Hirsch, Damhirsch oder Fuchs. Eine Parforcejagd stellte ein gesellschaftliches Ereignis dar, das mit einem Ritual von Jagdsignalen, festlicher Kleidung und einem komplizierten Zeremoniell verbunden war. Der Stolz der Adligen bestand darin, eine Meute hochwertiger Treibhunde zu besitzen. Neben den englischen Beagles, Harriers und Foxhounds bewährten sich die beweglichen, kräftigen, ausdauernden Hunde der nordfranzösischen Region Artois sehr gut, die auch die Entwicklung der Inselrassen beeinflußten. Ihr Äußeres verleugnet nicht die nahe Verwandtschaft mit den Schweizer Laufhunden.

Beschreibung: Kopf und Schädel: der Kopf ist groß und breit, eher kurz, der Schädel nur leicht gewölbt, mit sanft markiertem Hinterhauptbein. **Augen:** voll, groß und weit geöffnet, mit melancholischem und zärtlichem Ausdruck und anliegenden Lidern. **Ohren:** kräftiger, breit, ganz flach und anliegend, aber genügend lang, bis zu den Augen reichend. **Nase:** schwarz, groß und mit gut geöffneten Nüstern, wirkt manchmal so, als ginge der Rücken des Fangs an der Spitze leicht nach oben. **Hals:** eher lang und kräftig, mit nur leichter Wamme. **Vorderläufe:** gerade, kräftig und mächtig bemuskelt. **Rumpf:** die Brust genügend breit und mäßig tief, die Flanken rundlich, der Rücken genügend lang und fest, gut bemuskelt. **Hinterläufe:** die Lenden breit, muskulös und gut gewinkelt, die Oberschenkel voll befedert, die Sprunggelenke leicht geneigt. **Pfoten:** kräftig, mit genügend gewölbten und geschlossenen Zehen, eher lang als rundlich; die Ballen sind schwarz und fest. **Rute:** eher lang, gewölbt und wie eine Sichel getragen. **Haar:** kurz, kräftig und relativ hart. **Farbe:** sattes fahles Trikolor, wie Hasen- oder Dachsfell, mit Mantel oder großen Platten; der Kopf muß immer fahlgelb sein, manchmal in der Farbe von Holzkohle. **Größe:** Widerristhöhe 52-58 cm.

CHIEN DE BERGER BELGE

Herkunftsland: Belgien

Die vier Schläge des belgischen Schäferhundes – Groenendael, Laeke-nois, Malinois und Tervueren – symbolisieren die Grundprototypen der Schäferhunde, deren mehr oder minder unterschiedliche Formen man in jedem Lande dieses Kontinents finden kann – vom ungarischen Mudi über den Deutschen Schäferhund und den Hollandse Herdershond bis zum portugiesischen Schäferhund der Pyrenäen. In einer gezielten Zucht ab 1891 wurden drei Varietäten nach dem Haartyp unterschie-den und 1895 Forderungen in bezug auf die Farbe aufgestellt: Lang-haarige durften nur schwarz sein (Groenendael), Kurzhaarige rotbraun (Malinois) und Rauhaarige grau (Laekenois). Später erkannte man auch braune langhaarige Tiere (Tervueren) an. Die belgischen Schäferhunde eignen sich für eine dienstliche Abrichtung, haben sich in der Armee und bei der Polizei bewährt und sind als echte Schäferhunde auch gute Gefährten.

Beschreibung: Kopf und Schädel: Kopf fein modelliert, Fang verjüngt sich zur Nase hin gleichmäßig; Nasenrücken gerade, parallel zur Schädellinie; Nase schwarz, Stop ausgeprägt. **Augen:** mittelgroß, fast mandelförmig, braun oder dunkel. **Ohren:** hoch angesetzt, klein, dreieckig, aufgerichtet. **Zähne:** kräftig, weiß, regelmäßig, Scherengebiß, auch Zangengebiß toleriert. **Hals:** gut geformt, bemuskelt, langgestreckt. **Vorderläufe:** starkknochig, trocken, gut bemuskelt, gewinkelt, Mittelfuß kräftig, kurz. **Rumpf:** kräftig, Rücken gerade, breit, stark bemuskelt, Bauch leicht aufgezogen, Kruppe leicht gerundet, sanft abfallend, der Brustkorb mäßig breit, tief. **Hinterläufe:** kräftig, senkrecht, Keulen breit, stark bemuskelt, Unterschenkel lang, breit, Fußrücken kurz. **Pfoten:** rund, gewölbt, geschlossen, feste Ballen, kräftig, elastisch, Krallen dunkel. **Rute:** stark an der Wurzel, in Aktion gehoben. **Haar:** ist nach Länge, Richtung, Wachstum und Form das Kriterium zur Bestimmung der Rassenvarietät. Bei allen Varietäten reich, dicht, von guter Struktur, mit wolliger, gut schützender Unterwolle. Tervueren und Groenendael: Haar dicht, lang, anliegend, herabwallend, Fang und Gesichtspartie kürzer behaart; Malinois: kurzhaarig; Laekenois: Haar grob, rauh, hart, etwa 6 cm lang, am Fang und unter den Augen länger. **Farbe:** Tervueren: fahlgelb mit Kohlestichelung; Groenendael: tiefschwarz, glänzend; Malinois: fahlgelb mit Kohlestichelung und schwarzer Maske; Laekenois: rostbraun mit Kohlestichelung, hauptsächlich auf Gesicht und Rute. **Größe:** Widerristhöhe des Rüden 62 cm, der Hündin 58 cm, Toleranz von 2 bzw. 4 cm.

Herkunftsland: Frankreich

Der Pyrenäen-Berghund ist der größte Hirtenhund und eine der mächtigsten Hunderassen überhaupt. Abgesehen vom überseeischen Neufundländer, dessen direkter Vorläufer er ist, handelt es sich um die westlichste Form einer langen Reihe von Hirtenhunden, die sich über die Jahrtausende hinweg aus dem Himalaja-Vorland über den Kaukasus und die Karpaten durch ganz Europa bis auf die Iberische Halbinsel verbreitet haben. Sein Urahn war Do-Khyi, die Tibet-Dogge, und seine nächsten Verwandten sind der Kaukasische Owtscharka, der Slovenský Čuvač, der ungarische Kuvasz, der italienische Cane da Pastore Maremmano-Abruzzese und die nächstverwandten Hirtenhunde aus Portugal. Ihre Aufgabe bestand immer darin, Schafherden vor Raubtieren zu schützen, deshalb wurde Weißfärbung bevorzugt. Eine Haltung dieses mächtigen Tieres ist wegen seiner Größe nicht leicht und erfordert Kraft und Raum.

Beschreibung: Kopf und Schädel: im Verhältnis zur Gesamtkörpergröße nicht zu groß, an den Seiten eher flach, Hirnschädel leicht gewölbt, Hinterhauptbein sichtbar. Fang tief und genügend lang, zur Nase hin schmäler; Nase ganz schwarz. **Augen:** eher klein, dunkelbernsteinfarben, intelligenter, fester Ausdruck, Lider anliegend, schwarz, leicht oval. **Ohren:** in Augenhöhe angesetzt, ziemlich klein, dreieckig, an den Enden abgerundet; fallen flach am Kopf herunter, heben sich bei Erregung nur wenig. **Zähne:** komplett, weiß, obere Schneidezähne reichen über die unteren hinaus, ohne den Kontakt zu verlieren, Zangengebiß zulässig. **Hals:** kräftig, eher kurz, mit leichter Wamme. **Vorderläufe:** gerade, kräftig, gut befedert, ähnlich wie die Hinterläufe. **Rumpf:** Brustkorb nicht zu tief, aber breit und lang, an den Seiten leicht gewölbt, Kruppe leicht rundlich, Lenden nicht zu tief, Schultern (Widerrist) breit, muskulös. **Hinterläufe:** stärker und länger befedert; Oberschenkel gut bemuskelt, aber nicht sehr tief, Sprunggelenke kräftig, mittelmäßig gewinkelt, an den Hinterläufen gut entwickelte doppelte Afterkrallen. **Pfoten:** nicht zu lang, geschlossen, mit leicht gewölbten Zehen. **Rute:** eher lang, mit dichtem Haar, das einen Ringel bildet; in der Ruhe niedrig getragen, am Ende hakenförmig gebogen; wird in Erregung über den Rücken gebogen und bildet ein Rad. **Haar:** kräftig, flach, genügend lang; an Rute und Hals, länger, sehr kräftig auch die Unterwolle. **Farbe:** weiß oder weiß mit Flecken wie ein Dachs oder wolfsgrauen, hellgelben oder orangefarbenen (arrouye) an Kopf, Ohren und Rutenspitze; einige Flecke am Rumpf zulässig. **Größe:** Widerristhöhe des Rüden 70-80 cm, der Hündin 65-72 cm, Toleranz 2 cm über dem oberen Limit; Körpergewicht des Rüden 60 kg, der Hündin 45 kg.

CHIEN DE SAINT-HUBERT (BLOODHOUND)

Herkunftsland: Belgien

Der große Laufhund mit überlangen Ohren und besorgtem Gesichtsausdruck erhielt seinen Namen nach dem Sohn des Herzogs von Aquitanien, Bertrand, der unter dem Mönchsnamen Hubert heiliggesprochen wurde. 825 gründete er in den Ardennen ein Kloster, das später vom Benediktinerorden verwaltet wurde und in dem man große Jagdhunde züchtete. Selbst in dieser Zeit waren sie in Europa aber keine Besonderheit – hochläufige Tiere mit langen Hängeohren, Abkömmlinge der Keltenbracken, kannte man in der Schweiz, in Belgien, Frankreich, Norditalien und Spanien. Mit den Normannen gelangte dieser Typ Mitte des 11. Jahrhunderts auch nach England, und parallel mit dem europäischen Hubertushund entwickelte sich dort die Zucht des Bloodhound, den daher viele als eine englische Rasse ansehen. Der Standard wurde aber dem wahren Herkunftsland Belgien zuerkannt. Geliebt wird er jedoch in der ganzen Welt.

Beschreibung: Kopf und Schädel: gut geformt und mächtig, aber nicht übermäßig breit; der Hirnschädel ist sehr hoch und gewölbt, das Hinterhauptbein entwickelt, die Augenjochbögen treten wenig hervor; der Gesamtausdruck des Kopfes zeugt von Größe und Stolz; die Haut an Stirn und Backen ist sehr faltig, der Fang lang und an den Nüstern breit, an den Backen und vor allem unter den Augen schwächer und dünner; die Lefzen sind sehr lang, herabhängend, ihr unterer Rand muß 5 cm tiefer als der Mundwinkel sein; die Nase ist immer schwarz. **Augen:** haselnußbraun, das Unterlid ist so ausgestülpt, daß es die Bindehaut enthüllt; die Augen liegen richtig im Kopf und wirken relativ klein. **Ohren:** ziemlich lang, lassen sich bis zur Nasenspitze oder noch darüber hinaus ziehen, sind tief angesetzt und hängen in leichten Falten herab; ihre sehr zarte Haut ist von feinem, seidigem Haar bedeckt. **Zähne:** charakterisiert der Standard nicht. **Hals:** lang, gut bemuskelt, bildet an der Vorderseite eine Wamme. **Rumpf:** gut bemuskelte Schultern, breiter und tiefer Brustkorb; die Lenden sind breit und sehr kräftig im Verhältnis zur Höhe des Hundes, mit breiten, relativ großen Flanken; der Bauch ist nur leicht aufgezogen, der Rücken breit. **Gliedmaßen:** gerade, muskulös, starkknochig und gut gewinkelt. **Pfoten:** rund, katzenartig. **Rute:** in eleganter Krümmung höher als die Rückenlinie getragen, aber nie über den Rücken gebogen oder geringelt; an der Unterseite der Rute ist das Haar etwa 5 cm lang, wird zur Spitze hin kürzer. **Haar:** kurz, am Rumpf ziemlich hart, an Ohren und Kopf fein und seidig. **Farbe:** schwarz und braunrot oder einfarbig fahlrot. **Größe:** die Widerristhöhe des Rüden ist 67 cm, die der Hündin 60 cm; das Körpergewicht des Rüden und der Hündin beträgt zwischen 40 und 48 kg.

Herkunftsland: Mexiko

Der kleinste Hund der Welt ist offenbar eine ursprüngliche Rasse Südamerikas, denn gemeinsam mit den Nackthunden der mexikanischen und peruanischen Indianer begegneten ihnen bei ihrer Ankunft schon die spanischen und portugiesischen Eroberer der Neuen Welt. Der Chihuahua war ein beliebter und vermutlich heiliger Hund der Azteken, die neben Hunden nur noch ein einziges anderes domestiziertes Tier kannten, den Truthahn. Der reizende, zutrauliche Zwerg gewann nach seinem Auftauchen in Europa sogleich die Herzen von Hundefreunden, auch wenn er in unerwarteten Momenten bisweilen durch Jagdinstinkte und Nachdrücklichkeit überrascht, die man von einem augenscheinlichen Schoßhündchen nicht erwartet. Wegen der begrenzten Zuchtmöglichkeiten ist er noch immer eine relativ wenig zahlreiche Rasse und daher nicht nur preislich auch ein Luxustier.

Beschreibung: Kopf und Schädel: im Hirnschädelteil apfelförmig, zwischen den Ohren genügend breit; Fang kurz, spitz zulaufend, Stop ausgeprägt, Nasenspitze in gleicher Höhe wie der Stop, Nasenrücken gerade, untere und obere Linie des Fanges parallel; Nase symmetrisch, schwarz, kann auch hell sein. **Augen:** groß, rund, leicht hervorstehend; jede Färbung möglich, eine dunkle wird bevorzugt. **Ohren:** verhältnismäßig groß, aufgerichtet, weit auseinanderstehend, die Achse des Ohres bildet mit dem Schädel einen Winkel von etwa 45°. **Zähne:** Scheren- oder Zangengebiß. **Hals:** mittellang, kräftig, leicht gewölbt, geht in die kräftigen Schultern über. **Vorderläufe:** mäßig stark, gerade, fehlerhaft ist O- oder X-Stellung; Schulterblätter in einem Winkel von 45° nach hinten geneigt, Ellbogen liegen dem Körper eng an. **Rumpf:** kompakt, länger als Widerristhöhe; erwünscht ist ein kurzer Rücken, besonders beim Rüden; Rückenlinie eben, bei der Hündin etwas länger. **Hinterläufe:** muskulöse Oberschenkel, die Sprunggelenke und Läufe senkrecht und gerade. **Pfoten:** klein, rund, mit gut gewölbten Zehen, Krallen langgestreckt, gebogen, gute Ballen. **Rute:** mittellang, in einem Bogen frei getragen, etwas länger befedert als der Körper, nicht sehr tief angesetzt, darf nicht untergeklemmt oder nach Art der Spitze getragen werden, nicht zu kurz. **Haar:** kurz oder lang; kurzes Haar glatt; langes weich, bildet an den Ohren Fransen, an Hals und Rutenunterseite einen Kragen, am Rumpf etwas länger als bei der kurzhaarigen Varietät, glatt oder leicht gewellt, an Kopf und Gesichtspartie kurz, ebenso an den Enden der Läufe. **Farbe:** beliebig, auch Farbkombinationen. **Größe:** das Körpergewicht beträgt 0,5-2,5 kg, wobei sich das optimale Gewicht zwischen 1 und 2 kg bewegt.

Herkunftsland: China

Wie es scheint, waren diese besonderen, kleinen Hunde schon seit sehr, sehr langer Zeit die Lieblinge der Mandarine und des chinesischen Adels, ähnlich wie in Mexiko, Peru und in einigen anderen Regionen der Welt, wo diese spezifische Art auftauchte. Das Fehlen eines Haarkleides ist offenbar durch Mutation bedingt, durch eine plötzliche Veränderung der Erbmasse. Beim Chinesischen Schopfhund sind zwei Formen bekannt: eine kahle, nur mit dem typischen Büschel weißer Haare an Kopf und Rutenspitze, und – etwas überraschend – eine ganz behaarte mit reichem weichem, flaumigem Fell, unter dem wir einen „Nackthund" wirklich nicht vermuten würden. Ungeachtet ihres Haarkleides sind es lebhafte, freundliche, liebe Gesellschafter, doch ziemlich mißtrauisch gegenüber der Umwelt

Beschreibung: Kopf und Schädel: leicht gewölbter, langgestreckter Schädel, Stop leicht markiert, Kopf zart, ohne übertriebene Falten; der Fang verjüngt sich, aber nicht an der Spitze, Nase tritt deutlich hervor, schmal, beliebig gefärbt; Kopf graziös, mit lebhaftem Ausdruck. **Augen:** wirken wie schwarz, zeigen manchmal das Weiße; mittelgroß, weit auseinanderstehend. **Ohren:** tief angesetzt, groß und aufgerichtet, mit oder ohne Fransen, mit Ausnahme der behaarten Varietät, wo Kippohren zulässig sind. **Zähne:** regelmäßiges Scherengebiß in kräftigen Kiefern. **Hals:** trocken, faltenlos, lang, graziöser Verlauf zu den kräftigen Schultern. **Vorderläufe:** lang und dünn, gut unter dem Rumpf stehend, Ellbogen eng am Körper anliegend; Mittelfuß zart, fest und fast senkrecht, die Zehen weder ein- noch auswärts gedreht. **Rumpf:** mittellang, elastisch, der Brustkorb ziemlich breit, tief, nicht faßförmig, reicht bis zu den Ellbogen. **Hinterläufe:** entspringen einer gerundeten, bemuskelten Kruppe mit straffen Lenden, Knie fest, Sprunggelenke gut geneigt, die Läufe weit auseinander. **Pfoten:** ausgeprägt hasenartig, sehr lange Krallen, weder ein- noch auswärts gedreht, beliebig gefärbt, mäßig lang. **Rute:** hoch angesetzt. In Bewegung nach oben oder außen getragen, lang. Schopf ist lang und reich, beschränkt sich auf die untere Drittel der Rute. **Haar:** bildet nirgends größere Bereiche, Haut ist zart geraut, faßt sich warm an; bei der Varietät Powder Puff enthält das Haar auch Unterwolle, Deckhaar fein und lang. **Farbe:** gestattet ist jede einheitliche Farbe oder Farbkombination. **Größe:** ideale Widerristhöhe des Rüden 28-33 cm, der Hündin 23-30 cm; Körpergewicht schwankt, darf 5,5 kg nicht übersteigen.

CHOW CHOW

Herkunftsland: China

Nach Europa gelangte der erste Chow Chow, dieser Hund mit dem kuriosen Namen und Aussehen, erst 1887 durch den Earle von Lonsdale. In China war er aber schon mindestens zweitausend Jahre lang bekannt. So alt sind nämlich die chinesischen Tonfigürchen im Pariser Louvre und im British Museum in London, die angeblich den Vorgänger des heutigen Chow Chow darstellen – er unterschied sich äußerlich etwas, da die markante Verkürzung des Fanges und der schwere Kopf erst das Ergebnis moderner Zucht sind. Früher arbeitete der Chow Chow, war Wach-, aber auch Hirten- und Zughund. Im Charakter ist er genauso ungewöhnlich wie sein Name und seine Herkunft: verschlossen, zurückhaltend, mißtrauisch und unabhängig, der Hund eines einzigen Herrn und gegenüber Fremden gleichgültig bis mürrisch. Eine Besonderheit ist auch seine blaue Zunge.

Beschreibung: Kopf und Schädel: flacher, breiter Hirnschädel, Stop ausgeprägt; Partie unter den Augen gut ausgefüllt, Fang mäßig lang, von den Augen bis zum Ende breit, nicht spitz zulaufend; Nase groß, breit, schwarz, außer bei Cremeweißen, wo eine helle Nase gestattet ist; eine eigene Färbung haben auch Blaue und Fahlgelbe. **Augen:** dunkel, mandelförmig, ziemlich klein, sauber; eigene Färbung bei Blauen, Fahlgelben erlaubt. **Ohren:** klein, dick, an den Enden leicht gerundet, aufrecht getragen, weit auseinanderstehend, nach vorn über die Augen und leicht gegeneinander gerichtet, wodurch der typische mürrische Ausdruck entsteht. **Zähne:** kräftig, regelmäßig, Kiefer kräftig, vollständiges Scherengebiß; Zunge, Schleimhaut der Mundhöhle und Zahnfleisch blauschwarz. **Hals:** kräftig, nicht kurz, leicht gewölbt. **Vorderläufe:** bemuskelte, geneigte Schulterblätter, Läufe vollkommen gerade, mäßig lang. **Rumpf:** tiefer, breiter Brustkorb, Rippen gewölbt, Rücken kurz, gerade, kräftig, Lenden kraftvoll. **Hinterläufe:** muskulös, Sprunggelenke gut geneigt, mit minimaler Winkelung, von den Sprunggelenken abwärts gerade. **Pfoten:** klein, rund, gut auf den Zehen stehend. **Rute:** hoch angesetzt, über dem Rücken getragen. **Haar:** Kurzhaar: reich, dicht, gerade, abstehend, nicht flach, wie Plüsch; Langhaar: üppig, reich, dicht, gerade, abstehend; Deckhaar etwas rauher, feine, wollige Unterwolle; die besonders starke Behaarung am Hals bildet eine Mähne, reich auch an den Oberschenkeln. **Farbe:** einfarbig schwarz, rot, blau, fahlgelb, cremefarben oder weiß, mit reichen Spitzen, aber nicht Farbflecken; unterer Teil der Rute und Rückseite der Keulen zeigen eine hellere Nuance. **Größe:** Widerristhöhe des Rüden 48-56 cm, der Hündin 46-51 cm.

Herkunftsland: Großbritannien

Seinen Namen erhielt er nach dem Herrschaftsgut des Herzogs von Newcastle and Clumber Park, der die ersten Hunde dieses Typs – schwere jagdliche Spaniels – 1875 als Geschenk aus Frankreich erhielt. Hier entwickelte sich auch seine Zucht. Der Clumber gehörte bis in die achtziger Jahre des 20. Jahrhunderts zu den wenig zahlreichen Rassen. Die gewisse Schwerfälligkeit und Langsamkeit dieses jagdlichen Spaniels wird der Absicht zugeschrieben, einen Hund zu haben, der sich in schwierigem, dichtbewachsenem Gelände genauso langsam fortbewegt wie die Jäger, allerdings mit um so größerer Sicherheit. Bei der Zucht kamen der englische Basset Hound, der schon ausgestorbene Alpen-Spaniel und wohl auch der Hubertushund zur Geltung. Der erste Preis zum 100. Jahrestag der Cruft-Ausstellung im Jahre 1991 brachte eine erneute Welle des Interesses an dieser gutmütigen, freundlichen Rasse, vor allem in Frankreich und Belgien.

Beschreibung: Kopf und Schädel: eckig, massig und mittellang, oben breit, mit sichtbarem Hinterhauptbein; der Stop ist tief, der Fang schwer und eckig, mit gut entwickelten Lefzen; Kopf und Schädel sollten aber nicht übergroß sein. **Augen:** sauber, dunkel bernsteinfarben und leicht eingelassen, die Schleimhaut der Lider ist teilweise sichtbar; helle Augen sind höchst unerwünscht. **Ohren:** groß, weinblattförmig, gut mit geradem Haar bedeckt und leicht nach vorn hängend, die Behaarung geht nicht über die Ohrlinie. **Zähne:** perfektes, regelmäßiges und vollständiges Scherengebiß in kräftigen Kiefern. **Hals:** genügend lang und mächtig. **Vorderläufe:** kräftige, muskulöse, gut geneigte Schulterblätter, die Läufe sind kurz, gerade, mit guten Knochen und kräftig. **Rumpf:** lang, schwer und niedrig am Boden; der Brustkorb ist tief, die Rippen sind gut gewölbt, der Rücken gerade, breit und lang, die Lenden bemuskelt, niedrig in den Weichen. **Hinterläufe:** kraftvoll und gut entwickelt, die Sprunggelenke niedrig, die Knie gut geneigt, in gerader Haltung. **Pfoten:** groß, rundlich und gut befedert. **Rute:** tief angesetzt, gut befedert und in Rückenhöhe getragen. **Haar:** reich, anliegend, seidig und gerade; Läufe und Brust sind gut befedert. **Farbe:** reinweiß mit zitronengelben Abzeichen am Körper, die Abzeichen sind auch orange gestattet; unausgeprägte Abzeichen sind auch am Kopf, der Fang ist gesprenkelt. **Größe:** gibt der Standard nicht an; das Körpergewicht des Rüden beträgt 80 lb (34 kg), das der Hündin 65 lb (29,5 kg).

Herkunftsland: Großbritannien

Die Welt entdeckte den Schottischen Schäferhund, wie der Collie manchmal auch genannt wird, erst 1860, als die englische Königin Victoria das schottische Balmoral Castle besuchte und sich von dort einige örtliche Hütehunde in das Königspalais mitbrachte. Sie eröffnete so eine einzigartige Ära der Collie-Popularität, die ein Jahrhundert später in dem weltbekannten Film über Lassie – einen langhaarigen Collie – gipfelte. In seiner Heimat arbeitete der langhaarige Schlag – Rough – fleißig bei tausendköpfigen Schafherden, die im klimatisch ziemlich unwirtlichen Schottland an Berghängen weideten, während die kurzhaarige Varietät – Smooth – mehr beim Treiben der Herden auf die Märkte zur Geltung kam. Heute ist der Collie vorwiegend ein Begleithund, bekannt durch seine Intelligenz und Ergebenheit, aber auch eine gewisse Reserviertheit gegenüber Fremden und Schärfe gegenüber Eindringlingen.

Beschreibung: Kopf und Schädel: Kopf proportioniert, keilförmig, Oberlinie des Hirnschädels und des Nasenrückens parallel, Stop leicht markiert, Fang endet stumpf; Nase schwarz. **Augen:** mit liebenswürdigem Ausdruck, mittelgroß, etwas schräggestellt, mandelförmig, dunkelbraun, außer bei Blaumarmorierten, wo das Auge blau oder blau meliert ist; Ausdruck voll Intelligenz und Aufmerksamkeit. **Ohren:** klein, oben am Kopf angesetzt, nicht zu eng beieinander; in Aktion halb aufgerichtet. **Zähne:** mäßig groß, in kräftigen Kiefern, regelmäßiges, vollständiges Scherengebiß. **Hals:** muskulös, kraftvoll, genügend lang, gut gewölbt. **Vorderläufe:** geneigte, gut gewinkelte Schulterblätter, Läufe gerade, muskulös. **Rumpf:** etwas länger als Widerristhöhe, Rücken fest, leicht über die Lenden gehoben, gut gewölbte Rippen, tiefer Brustkorb. **Hinterläufe:** Oberschenkel muskulös, gut geneigte Knie, Sprunggelenke tief, kräftig. **Pfoten:** oval, gute Ballen, Zehen gewölbt, geschlossen, an den Hinterläufen etwas weniger gewölbt. **Rute:** lang, bis zu den Sprunggelenken reichend; wird in der Ruhe niedrig getragen, an der Spitze leicht aufgezogen. **Haar:** dicht, am Körper anliegend; Deckhaar gerade und rauh; Mähne und Kragen sehr reich, Gesichtspartie glatt, Ohren an den Spitzen glatt, vordere Läufe gut befedert, hintere vor allem oberhalb der Sprunggelenke, Rute reich behaart. **Farbe:** zobelschwarz und weiß, trikolor, merle (blaumarmoriert), weiße Abzeichen: sind typisch und erwünscht am Hals, (weißes Hemdchen), an Läufen und Pfoten, weiße Schwanzspitze; Blesse kann am Fang, am Schädel oder an beiden Stellen sein. **Größe:** Widerristhöhe des Rüden 22-24 Zoll (56-61) cm, der Hündin 20-22 Zoll (51-56 cm).

Herkunftsland: Deutschland

Die Dachshunde, eine der verbreitetsten Rassen überhaupt, sind die Nachkömmlinge einstiger keltischer Hunde. Ihr Körperbau hat sich durch eine sorgfältige und zielstrebige Zuchtwahl ihrer spezialisierten jagdlichen Verwendung – der Erdarbeit – angepaßt. Sie haben also mit den britischen Terriern viel gemein. Obwohl niederläufige Jagdhunde nach erhaltenen Zeichnungen schon im alten Ägypten verwendet wurden, erlangten die echten Dachshunde (Dackel oder Teckel) ähnlich wie die Inselterrier oder die französischen Bassets ihre jetzige Gestalt erst mit der Entwicklung des Niederwildes im 18. und 19. Jahrhundert. Heute unterscheiden wir drei Größenschläge und in jedem von ihnen noch drei Haarvarietäten. Neben seinen jagdlichen Vorzügen ist der Dackel auch ein prächtiger und lustiger Gefährte, den sich viele Leute trotz seines Dickschädels aus reiner Freude anschaffen.

Beschreibung: Kopf und Schädel: Kopf lang, zur Nasenspitze hin gleichmäßig schmäler werdend, Stirn leicht gewölbt, fast ohne Stop, Nasenrücken fein modelliert, leicht gewölbt, lang, schmal. **Augen**: mittelgroß, oval, schräggestellt, mit lebhaftem, freundlichem Ausdruck; leuchtend dunkelrötlich- bis schwarzbraun. **Ohren**: hoch angesetzt, mäßig groß, abgerundet, sehr beweglich. **Zähne**: kräftig in starken Kiefern, Scheren- und Zangengebiß gleichwertig. **Hals**: ziemlich lang, muskulös, trocken, Nacken leicht gewölbt, stolz getragen. **Vorderläufe**: lange, schräggestellte Schulterblätter, Läufe starkknochig, den Rippen anliegend; Unterarme kurz, leicht einwärts gedreht, Mittelfüße enger beieinander als Schultergelenke. **Rumpf**: hoch, lang im Widerrist, der Rücken setzt sich direkt in leichtem Bogen in die Lendenpartie fort; Brustkorb von vorn oval. **Hinterläufe**: treten aus langer, breiter, gerundeter Kruppe heraus, Oberschenkel kräftig, Knie breit und stark, Sprunggelenke breit, vorspringend, die Fußwurzel lang, beweglich, leicht nach vorn gewölbt, von hinten gerade. **Pfoten**: geschlossen, gewölbt, starke Ballen, Krallen kurz. **Rute**: in Fortsetzung der Wirbelsäule angesetzt, ohne sichtbare Krümmung. **Haar**: Kurzhaar: kurz, dicht, glänzend, glatt anliegend. **Farbe**: einfarbig: rot, rotgelb, gelb, mit oder ohne Schwarz; zweifarbig: schwarz oder braun, grau oder weiß, stets mit rostbraunem oder gelbem Brand; gefleckt (getigert, gestromt): Grundfarbe hell, bräunlich, grau bis weiß, mit dunkelgrauen, braunen, rotgelben oder schwarzen Flecken; Rauhhaar: mit Ausnahme von Fang, Augenbrauen und Ohren liegt das Haar an. Langhaar: das Haar weich, glatt, glänzend. **Farbe**: abhängig vom Schlag. **Größe**: Normalgröße: Körpergewicht 7-9 kg; Zwerg: Brustumfang bis 35 cm; Kaninchen: Brustumfang bis 30 cm.

Herkunftsland: Kroatien

Schwarzweiß gefleckte Hunde finden sich auf Abbildungen aus den verschiedensten Zeiten und vielen Regionen, vom alten Ägypten über das Italien der Renaissance bis ins indische Bengalen, doch dürfte es schwerfallen zu entscheiden, auf welcher von ihnen der Vorläufer des heutigen Dalmatiners dargestellt ist. Die meisten Bilder zeigen jagdliche Vorsteh- oder Laufhunde, und bereits in der Mitte des 17. Jahrhunderts begleitete ein Dalmatiner – wenn auch noch nicht unter diesem Namen – in einer Meute die Kutsche des französischen Dauphins. Im 18. Jahrhundert taucht er in Dalmatien auf, seine ursprüngliche Heimat ist dieses Gebiet aber offenbar nicht. Er wurde auch als Türken- oder Bengalenhund bekannt, die Engländer halten ihn für eine Kreuzung von Pointer und Bull Terrier. Jedenfalls handelt es sich um einen beliebten Begleithund, der durch Intelligenz und Freundlichkeit auffällt und sich als Blindenführer bewährt.

Beschreibung: Kopf und Schädel: Schädel flach, zwischen den Ohren breiter, aber fein; Fang lang, kräftig; Nase bei schwarzgefleckten Hunden immer schwarz, bei leberfarbenenen braun. **Augen:** mittelgroß, rund mit intelligentem Ausdruck, ihre Farbe ist dunkel bei schwarzgefleckten, bernsteinfarben bei braungefleckten. **Ohren:** eher hoch angesetzt, mittelgroß, breiter an der Wurzel, zum abgerundeten Ende hin allmählich schmäler werdend; von feiner Struktur, herabfallend, liegen mit dem Vorderrand den Backen an; auch an den Ohren müssen die Abzeichen voneinander getrennt sein. **Zähne:** Scherengebiß. **Hals:** eher lang, gewölbt, leicht, verjüngt sich zum Kopf hin. **Vorderläufe:** schräge, gut und gleichmäßig bemuskelte Schulterblätter, Ellbogen liegen dem Körper an, Läufe gerade, starkknochig, mit elastischem Mittelfuß. **Rumpf:** nicht allzu breiter Brustkorb, aber tief und geräumig; Rippen gewölbt, Widerrist sichtbar, Rücken fest, Lenden kräftig, ebenmäßig, bemuskelt, leicht gewölbt. **Hinterläufe:** gleichmäßig bemuskelt, gut entwickelte Oberschenkel. **Pfoten:** rund, mit gewölbten Zehen, Krallen schwarz oder weiß bei Schwarzgefleckten, braun oder weiß bei Braungefleckten. **Rute:** lang, reicht bis zu den Sprunggelenken, stark im Ansatz und allmählich schmäler werdend, mit leichter Biegung, nie geringelt; sollte ebenfalls gefleckt sein. **Haar:** kurz, hart, dicht, glatt, glänzend. **Farbe:** Grundfarbe weiß; die zahlreichen kleinen, rundlichen Punkte sind schwarz oder leberbraun, gut abgegrenzt, gut über den ganzen Körper verteilt; die Punkte an der Peripherie des Körpers und an seiner Unterseite können kleiner als auf dem Rumpf sein. **Größe:** ideale Widerristhöhe des Rüden 55-61 cm, der Hündin 50-58 cm.

Herkunftsland: Großbritannien

Der ansehnliche Terrier aus Schottland erhielt seinen Namen nach einer literarischen Gestalt aus Walter Scotts Roman „Guy Mannering", einem Farmer und Jäger, namens Dandie Dinmont, der sich gern seiner pfeffer- und senffarbenen Terrier rühmte. Damals, also zu Beginn des 19. Jahrhunderts, nannte man den späteren Dandie daher Mustard bzw. Pepper Terrier, wegen der Kreuzung der schottischen Terrier mit dem altenglischen Terrier auch English Dandie. Er ist mit noch anderen Terriern aus Schottland eng verwandt, dem Cairn Terrier, dem Border Terrier und dem West Highland White Terrier, am engsten aber mit dem späteren Bedlington Terrier. Früher war er ein vielseitiger Arbeiter, der sich nicht nur gegen Schadwild bewährte, sondern auch im und unter Wasser, heute ist er mehr ein exklusiver Begleithund, bei dem auf eine sorgfältige Schur des Haarkleides geachtet wird.

Beschreibung: Kopf und Schädel: mächtig, kräftig, groß, wohl proportioniert; Stirn gewölbt, Kopf mit sehr feinem, weichem, seidigem Haar bedeckt, das am Scheitel einen Schopf bildet; Nase schwarz. **Augen:** dunkel nußbraun, niedrig angesetzt, weit auseinander, groß, glänzend, rund. **Ohren:** herabhängend, ziemlich weit hinten am Kopf und recht weit voneinander entfernt, den Backen eng anliegend. **Zähne:** Scherengebiß in starken Kiefern, Zähne sehr kräftig, regelmäßig. **Hals:** stark bemuskelt, gut entwickelt, kräftig, zeigt Stärke. **Vorderläufe:** kurz, stark bemuskelt, weit auseinanderstehend, Pfoten leicht auswärts gedreht. **Rumpf:** lang, kräftig, elastisch, Rippen elastisch, gerundet, Brustkorb gut entwickelt, Kruppe gut bemuskelt. **Hinterläufe:** etwas länger als die Vorderläufe, Keulen gut entwickelt, Knie gewinkelt, Sprunggelenke tief. **Pfoten:** rundlich, mit guten Ballen, die hinteren etwas kleiner; Krallen dunkel, die Schattierung von der Farbe des Haarkleides abhängig. **Rute:** eher kurz, weder geringelt noch allzusehr geschwungen, kann säbelförmig gebogen sein. **Haar:** Deckhaar härter, kraus, darf nicht vom Rücken herabfallen, muß in die Unterwolle eindringen; die Vorderläufe haben etwa 5 cm langen Fransen, an der Rutenunterseite aus feinerem Haar. **Farbe:** pfefferfarben: von dunklem Blauschwarz bis Silbergrau; die Haarfarbe geht zu den Läufen hin in sattes Lohfarbenrot oder helles Fahlgelb über; Stirnschopf silberweiß; senffarben: reicht von rötlichbraun bis hell fahlgelb; Stirnschopf cremeweiß; bei beiden Färbungen Fransen an den Rückseiten der Läufe heller, weiße Flecke an der Brust und weiße Krallen zulässig, weiße Pfoten unerwünscht. **Größe:** Körpergewicht 18-24 lb (8-11 kg) für den Rüden in guter Arbeitskondition; geringeres Gewicht bevorzugt.

Herkunftsland: Deutschland

Die Deutsche Dogge, bekannt auch als Great Dane, also „Großer Däne", stellt eine außerordentliche und fast perfekte Kombination von Kraft, Eleganz und hoher Funktionalität des Körperbaus mit Intelligenz, Mut und Treue dar. Sie ist ein Abkömmling der antiken doggenartigen Hunde asiatischer Herkunft, der sog. Molosser, die in Europa schon seit den Zeiten der alten Römer bekannt sind. Zur gegenwärtigen Erscheinung bildete sie sich in Deutschland erst Ende des 19. Jahrhunderts aus einigen lokalen Formen heraus, die als Ulmer oder Württemberger Dogge bekannt sind. Ähnlich verlief ihre Entwicklung in Dänemark, das ebenfalls Anspruch auf Anerkennung als Herkunftsland erhob, wo 1866 auch ihr erster Standard veröffentlicht wurde. Die Dänen mußten sich schließlich mit der Zuerkennung einer anderen doggenartigen Rasse – des Broholmer – zufriedengeben, der mehr dem ursprünglichen Typ des Mastiff nahesteht.

Beschreibung: Kopf und Schädel: langgestreckt, schmal, sehr ausdrucksvoll, aber fein modelliert, von der Seite ist die Stirn sehr scharf vom Nasenrücken abgesetzt; soll von allen Seiten her eckig erscheinen, Nasenrücken möglichst breit, die Lefzen überdecken die kräftigen Kiefer; Nase groß, mit gut geöffneten Nüstern, bei Gestromten und Einfarbigen schwarz, bei Gefleckten Schwarzfleckung oder Fleischfarbe gestattet. **Augen:** mittelgroß, rund und möglichst dunkel, der Ausdruck lebhaft, aufmerksam und intelligent; die Augenlider schließen gut. **Ohren:** hoch angesetzt, nicht allzu weit auseinander, angemessen lang zur Kopfgröße; hängen so am Kopf entlang, daß sie mit dem vorderen Rand den Backen anliegen. **Zähne:** groß und kräftig, Scherengebiß. **Hals:** hoch angesetzt, lang und gewölbt. **Vorderläufe:** lange, schräggestellte Schulterblätter bilden mit dem Schultergelenk und dem Oberarmbein einen Winkel von fast 90°; Läufe kräftig und muskulös, gerade und senkrecht, nur der Mittelfuß ist leicht vorgeschoben. **Rumpf:** quadratisch; Brustkorb breit, gut gewölbt, vorn tief, reicht bis zu den Ellbogen; der Rücken neigt sich nur sanft nach hinten, ist fast gerade, kurz und fest. **Hinterläufe:** breite, muskulöse Oberschenkel, Waden lang und kräftig, Winkelung an den einzelnen Gelenken nicht allzu stumpf. **Pfoten:** rundlich, weder ein- noch auswärts gedreht, Zehen kurz und hoch gewölbt (katzenartig), Krallen kräftig, kurz und dunkel. **Rute:** mittellang, bis zu den Sprunggelenken reichend, hoch, breit angesetzt. **Haar:** kurz, glatt, dicht, anliegend. **Farbe:** gestromt, gelb, blau, schwarz und gefleckt. **Größe:** Widerristhöhe des Rüden mindestens 80 cm, der Hündin mindestens 72 cm; wünschenswert ist, daß diese Maße überschritten werden.

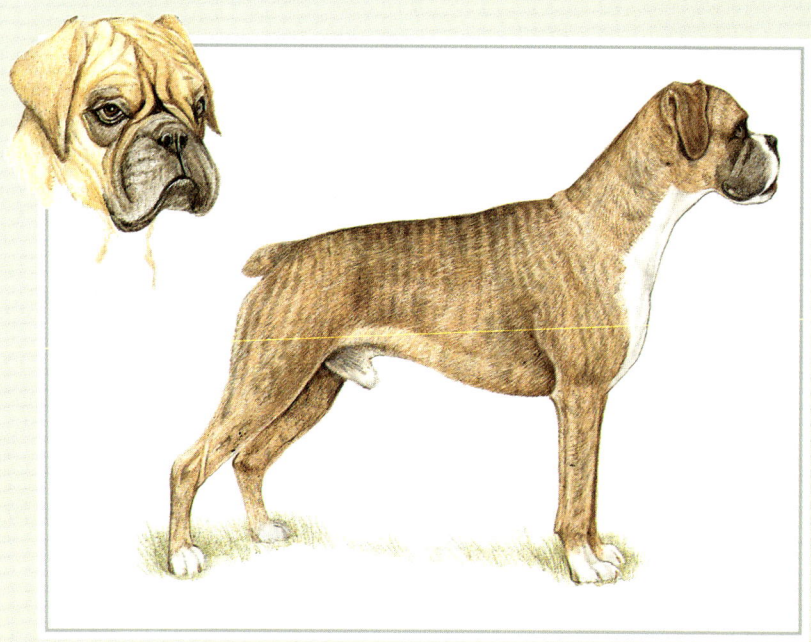

Herkunftsland: Deutschland

Im 18. Jahrhundert tauchte in Europa der Typ eines Treib- oder Fleischerhundes auf, der Bullenbeißer genannt wurde. Er diente zur Arbeit bei Rinderherden, vor allem auf dem Weg zum Markt oder zum Schlachthof. In verschiedenen Gegenden formte man ihn später zu Bouviers, Rottweilern, Bullmastiffs oder Bulldogs. In Deutschland geschah dies hauptsächlich in Bayern, Baden und Wüttemberg. Es handelte sich um Nachkömmlinge mittelalterlicher und antiker Kampf-, Kriegs- und Gladiatorenmolosser asiatischer Herkunft. Boxer wurden erstmals 1896 vorgestellt, doch hatten sie es damals noch recht weit bis zur heutigen Erscheinung. Sie waren niedrig, gröber, schwer und vorwiegend weiß gefärbt. Der erste Standard wurde 1902 vom Deutschen Boxer Klub herausgegeben. Heute ist er ein beliebter Begleithund mit fröhlichem und verspieltem Charakter, mit Erfolg absolviert er aber auch eine Dienstabrichtung.

Beschreibung: Kopf und Schädel: Kopf proportioniert, Fang breit und mächtig, Hirnschädel schmal, eckig, sanft gewölbt, Stop ausgeprägt, Fang mächtig entwickelt; seine vordere Fläche breit, fast quadratisch, bildet mit dem Nasenrücken einen stumpfen Winkel; Unterkiefer ist nach oben gebogen, darf aber nicht über die Oberlefze reichen. **Augen:** dunkel, weder zu klein noch zu tiefliegend oder vortretend, der Ausdruck verrät Energie und Intelligenz. **Ohren:** hoch angesetzt, angemessen groß, zart, seitlich ganz oben am Kopf und weit auseinanderstehend, in der Ruhe den Backen anliegend. **Zähne:** der Unterkiefer reicht über den Oberkiefer, Gebiß kräftig und gesund. **Vorderläufe:** die Ellbogen dürfen dem Brustkorb nicht eng anliegen und auch nicht abstehen; Läufe gerade, parallel, starkknochig. **Rumpf:** quadratisch, Widerrist ausgeprägt; Rücken kurz, fest, gerade, breit, gut bemuskelt, Kruppe sanft geneigt, flach gewölbt und breit, Brustkorb tief, bis zu den Ellbogen reichend, Rippen reichen weit nach hinten. **Hinterläufe:** mächtig bemuskelt. Pfoten an den Vorderläufen klein, rund, geschlossen, an den Hinterläufen etwas länger. **Rute:** eher hoch angesetzt, kurz kupiert, aufwärts getragen. **Haar:** kurz, glatt, glänzend, anliegend. **Farbe:** gelb oder gestromt; von Hellgelb bis Hirschrot, mit schwarzer Maske; weiße Anzeichen gestattet, sofern sie ästhetisch wirken und nicht auf mehr als einem Drittel des Körpers vorkommen. **Größe:** Widerristhöhe des Rüden 57-63 cm, der Hündin 53-59 cm.

Herkunftsland: Deutschland

Ende des 17. Jahrhunderts tauchen in Abhängigkeit von Veränderungen in den Jagdmethoden neben den bis dahin üblichen Laufhunden Tiere eines neuen Typs auf: Vorstehhunde. Ihre Aufgabe bestand nicht mehr darin, das Wild zu hetzen, sondern es aufzuspüren und dem Jäger zu zeigen. In deutschen Landen waren dies die sog. altdeutschen Vorstehhunde, die jedoch äußerlich immer mehr an große Laufhunde vom Typ des Bloodhound erinnerten. Gemeinsam mit dem spanischen Vorstehhund Bracce de Punta, dem Vorläufer des bekannten English Pointer, bildeten sie die Grundlage für die heutigen deutschen Vorstehhunde, die zum ersten Mal 1879 auf einer Ausstellung in Hannover vertreten waren. Der Verein für deutsche kurzhaarige Vorstehhunde wurde 1891 gegründet, und damit beschritt diese Rasse den Weg zum verbreitetsten vielseitigen Vorstehhund auf dem Kontinent.

Beschreibung: Kopf und Schädel: Kopf trocken, Schädel genügend breit, sanft gewölbt, Stirnfurche nicht allzu tief, Hinterhauptbein weniger auffallend; Nasenrücken sanft gewölbt oder ganz gerade, Stop verläuft allmählich, Fang mächtig, nicht zugespitzt. **Augen:** mittelgroß, weder tiefliegend noch hervortretend. **Ohren:** mäßig lang, am Ende stumpf abgerundet, **Zähne:** kräftig, vollständiges Scherengebiß. **Hals:** mäßig lang, sehr muskulös, Nacken leicht gewölbt, Kehlhaut anliegend. **Vorderläufe:** flach anliegende Schulterblätter, lange Oberarmbeine, Ellbogen liegen an, Unterarme gerade, trocken, genügend bemuskelt, nur wenig geneigt, nicht steil. **Rumpf:** tiefer Brustkorb, Rippen gut gewölbt, Bauch leicht aufgezogen, Rücken fest, weder lang noch gewölbt, Lenden breit, gerade bis leicht gewölbt, Kruppe breit, genügend lang und wenig abfallend. **Hinterläufe:** breit angesetzt, trocken bemuskelte Keulen, Sprunggelenke weder ein- noch auswärts gedreht. **Pfoten:** fest, geschlossen, rund bis löffelförmig, Zehen genügend gewölbt, die Ballen fest und hart. **Rute:** hoch und kräftig angesetzt, mittellang, wird auf die Hälfte kupiert. **Haar:** kurz, dicht und rauh, faßt sich hart an, an Ohren und Kopf etwas kürzer und weniger dicht. **Farbe:** braun mit kleinen weißen oder getupften Abzeichen an Brust und Läufen; braun ohne Abzeichen; dunkles Weiß mit braunem Kopf und braunen Platten oder Flecken: die Grundfarbe ist eine gründliche Mischung aus Braun und Grau (Weiß); helles Braunweiß mit braunem Kopf, braunen Platten oder Flecken: weniger braune Haare, Weiß dominiert; Weiß mit braunem Kopf, braunen Platten oder Flecken; Schwarz mit gleichen Schattierungen wie bei Braun oder Braunweiß. **Größe:** ideale Widerristhöhe des Rüden ist 62-66 cm, der Hündin 58-63 cm.

Herkunftsland: Deutschland

Der Deutsche Schäferhund ist der charakteristischste Vertreter der ursprünglichen europäischen Hütehunde und für viele Menschen der typischste Vertreter der Hunde überhaupt. Seine heutige Erscheinung erhielt er erst Anfang des 20. Jahrhunderts, und seine Zucht ist verbunden mit dem Namen des legendären Züchters Rittmeister von Stephanitz. Aus der rustikalen und unausgeglichenen Form wurde nach und nach eine der züchterisch am meisten durchgearbeiteten Rassen geschaffen. Der Verein für Deutsche Schäferhunde wurde 1899 gegründet, und damals unterschied man noch einen kurzhaarigen, rauhhaarigen und langhaarigen Schlag. Gemeinsam mit dem Exterieur wurden auch die Charaktereigenschaften des Hundes entwickelt und gefestigt, der sich im Polizeidienst, in der Armee oder als zuverlässiger Blindenführer bewährt. Er ist zum Symbol der Treue und Ergebenheit geworden.

Beschreibung: Kopf und Schädel: mäßig lang, trocken, die Stirn leicht gewölbt; Stop verläuft allmählich, der Fang ist von oben her keilförmig, trocken, stumpf auslaufend und kräftig; Lefzen sind gewölbt, trocken und gut schließend, der Nasenrücken gerade und parallel zur Stirnlinie, die Nase immer schwarz. **Augen:** mittelgroß, mandelförmig, am besten dunkel gefärbt; der Ausdruck ist lebhaft, verständig, selbstsicher. **Ohren:** mittelgroß, an der Wurzel breit, hoch angesetzt und spitz, aufrechtstehend und nach vorn gestellt. **Zähne:** kräftig und gesund, vollständiges Scherengebiß. **Hals:** kräftig, gut bemuskelt. **Vorderläufe:** lange, schräggestellte Schulterblätter, die Ellbogen liegen an, Unterarme gerade. **Rumpf:** länger als Widerristhöhe, Brustkorb nicht allzu breit, Rücken mit Lenden gerade, gut entwickelt, Bauch leicht aufgezogen; Lenden breit, kräftig, gut bemuskelt, Kruppe lang, sanft abfallend. **Hinterläufe:** breite, mächtig bemuskelte Oberschenkel, Sprunggelenke kräftig und fest, ebenso die Fußrücken; Kruppe kräftig, gut bemuskelt. **Pfoten:** rundlich, kurz, geschlossen, gewölbt, mit festen Ballen und kurzen, kräftigen dunklen Krallen. **Rute:** reicht bis zu den Sprunggelenken, reich befedert. **Haar:** kurzes Haar: dicht, hart, anliegend, an Hals und Rückseiten der Läufe etwas länger; langes gerades Haar: bildet an den Läufen und Weichen Fahnen und sog. Hosen, Rute zottig; dieser Haartyp nicht erwünscht; langes Haar: gilt als fehlerhaft. **Farbe:** schwarz mit regelmäßigen braunen, gelben bis hellgrauen Abzeichen und schwarzem Sattel; dunkel gewolkt, ganz schwarz, einheitlich grau (wolfsgrau) oder mit hellen oder braunen Abzeichen. **Größe:** die ideale Widerristhöhe des Rüden ist 62,5 cm, die der Hündin 57,5 cm, mit einer Toleranz von 2,5 cm in beiden Richtungen.

Herkunftsland: Deutschland

Die Spitze und Spitzrassen, zu denen z.B. auch die nordischen Schlittenhunde gehören, sind die älteste, ursprünglichste Gruppe des Haushundes, und ihre nationalen oder lokalen Varietäten finden wir nicht nur vielerorts in Europa, sondern auch in Asien. In Mitteleuropa datiert ihr Vorkommen nach Skelettfunden bis ins 10. Jahrtausend v. Chr. Jahrhunderte-, jahrtausendelang umgaben die Spitze den Menschen so als Wächter seiner Behausungen, als Begleiter auf Festland und Flüssen, als beliebte Gefährten. In Deutschland wurde 1899 ein selbständiger Verein für deutsche Spitze gegründet. 1906 definierte man erstmals Farb- und Größenschläge. Neben dem Wolfsspitz findet man vier weitere Größen und fünf Farbtypen.

Beschreibung: Kopf und Schädel: mittelgroß, von oben gesehen zur Nasenspitze hin keilförmig schmäler werdend, im Profil ist ein sanfter Stop sichtbar; der Fang ist nicht allzu lang, die Nase klein, rund und tiefschwarz, außer bei den braunen Spitzen, wo sie dunkelbraun ist, die Lefzen fallen nicht über. **Augen:** mittelgroß, länglich und immer dunkel, mit munterem, intelligentem Ausdruck. **Ohren:** relativ klein, fest und spitz zulaufend, hoch am Kopf und eng beieinander, aufrecht getragen. **Zähne:** charakterisiert der Standard nicht. **Hals:** mäßig lang und ganz gerade. **Vorderläufe:** mittellang, verhältnismäßig kräftig und gerade, was auch für die Hinterläufe gilt. **Rumpf:** sehr kurzer, gerader Rücken, fällt vom Widerrist zur Kruppe nur unmerklich ab; der Brustkorb ist tief und gewölbt, der Bauch leicht aufgezogen. **Pfoten:** möglichst klein, gerundet und mit gewölbten Zehen, katzenartig. **Rute:** mittellang, immer nach oben über den Rücken gebogen, nach rechts oder nach links getragen. **Haar:** bestimmt die Gesamterscheinung des Hundes; ist reich und locker, bildet am Hals eine mächtige Mähne, auch die Rute ist stark befedert; an den Ohren, in der Gesichtspartie und an der Vorderseite der Läufe ist das Haar kürzer. **Farbe:** Wolfsspitz in allen Grautönen und silbrig gestromt, die anderen je nach Schlag. **Größe:** der Wolfsspitz hat eine Widerristhöhe von 45-55 cm (ausnahmsweise bis 60 cm), der Großspitz von 40-50 cm, der Mittelspitz von 29-36 cm, der Kleinspitz von 23-28 cm und der Zwergspitz bis 22 cm.

Herkunftsland: Deutschland

Zwischen 1865 und 1870 machte sich K.F.L. Dobermann, ein städtischer Beamter der thüringischen Stadt Apolda, um die Veredlung und „Verbesserung" der größten örtlichen Pinscher durch Kreuzung mit kurzhaarigen jagdlichen Laufhunden oder altdeutschen Vorstehhunden, Hütehunden, der Deutschen Dogge und vielleicht auch Hunden vom Typ des französischen Beauceron oder des Rottweilers verdient. An seine Bemühungen knüpften weitere Züchter an und ab 1899 auch ein spezialisierter Verein. Sie brachten diese Rasse zu hoher Eleganz, ausgewogenem Körperbau, einer funktionellen Bemuskelung und scharf geschnittenen Linien, was den Dobermann für jene außerordentlich attraktiv machte, die seine Courage, Schärfe und Arbeitsfähigkeiten nutzen wollen. Seine Führung erfordert aber bestimmte Erfahrungen – er ist kein Hund für Anfänger, doch setzt er sich immer mehr als Begleithund durch.

Beschreibung: Kopf und Schädel: fein modelliert und trocken, bildet im Profil und von oben gesehen einen langgestreckten, stumpfen Keil; das Kopfprofil zeigt oben zwei parallel verlaufende Linien (der Stirn und Nase), die unter den Augen von einem geringen Stop unterbrochen werden. Die Stirnlinie fällt in sanfter Rundung zum Nacken hin ab, Fang tief und breit, mit straffen Lefzen. **Augen:** mittelgroß, oval, möglichst dunkel; bei braunen und blauen Hunden ist eine hellere Schattierung erlaubt, wobei Nase und Augen entsprechend dunkel wirken müssen. **Ohren:** hoch angesetzt. **Zähne:** vollständiges weißes Scherengebiß. **Hals:** im Verhältnis zum Rumpf und Kopf ziemlich lang, trocken, muskulös, aufgerichtet und edel getragen. **Vorderläufe:** gerade, senkrecht, kräftig; Schulterblätter liegen dem Brustkorb eng an, und überragen die Dornfortsätze der Brustwirbel; die Ellbogen liegen dem Körper fest an. **Rumpf:** kurz und fest, Widerrist besonders beim Rüden deutlich ausgeprägt, bestimmt durch seine Höhe und Länge den Verlauf der zur Kruppe abfallenden Rückenlinie; der ganze Rücken genügend breit, Kruppe gerundet, nicht abfallend; Tiefe des Brustkorbs im richtigen Verhältnis zur Länge des Rückens, nicht größer als 50 % der Gesamthöhe; Brust breit, vorn deutlich ausgeprägt (Vorderbrust). **Hinterläufe:** ziemlich breite, mächtig bemuskelte Keulen, die mit den Unterschenkeln und Kniescheiben durch kräftige Kniegelenke in einem Winkel von etwa 130° verbunden sind; Afterkrallen sind unzulässig. **Pfoten:** kurz, gewölbt und geschlossen, katzenartig. **Rute:** charakterisiert Standard nicht. **Haar:** kurz, hart und dicht, fest und glatt anliegend. **Farbe:** schwarz, dunkelbraun oder blau mit rostroter Stromung. **Größe:** die Widerristhöhe des Rüden ist 68 cm, maximal 70 cm gestattet, die der Hündin 63-66 cm, maximal 67 cm.

DOGO ARGENTINO

Herkunftsland: Argentinien

In ihrer Heimat ist die „Argentinische Dogge" ein Jagdhund, der bei der Hatz auf Wildschweine und große katzenartige Raubtiere – Puma und Jaguar – verwendet wird. Sie wurde hier aus großen Pyrenäen-Mastins gezüchtet, die die spanischen Konquistadoren im 16. und 17. Jahrhundert mitgebracht hatten. Später verstärkten ihren Mut und jagdlichen Verstand der English Bull Terrier, der Deutsche Boxer und der englische Bulldog, der Pointer und die Dogue de Bordeaux. Trotz dieser zahlreichen Ahnen, bei denen die heute schon unbekannte Córdoba-Dogge die dominierende Rolle spielte, ist die Argentinische Dogge eine eigenständige und eigenwüchsige Rasse, die sich durch Ruhe und Ausgeglichenheit, Mut und Zuverlässigkeit beim Schutz ihres Herrn und seines Besitzes auszeichnet. Unter europäischen Bedingungen wird sie nicht mehr für die Jagd verwendet – sie hat sich mit Erfolg zu den Begleithunderassen gesellt.

Beschreibung: Kopf und Schädel: mächtig, der Hirnschädel ist gewölbt, der Fang so lang wie dieser und fast genau so breit; kraftvolle Kaumuskeln lassen die Backen hervortreten, die Kiefer sind kräftig und gleich lang, die Nase schwarz und am Ende aufwärts gebogen („Regenrinne"), die Nüstern gut geöffnet. **Augen:** möglichst weit auseinanderstehend, dunkel- oder haselnußbraun, die Lider schwarz umsäumt, der Ausdruck lebhaft und intelligent, aber auch hart und fest. **Ohren:** dreieckig, hoch am Kopf angesetzt und ganz oder halb aufgerichtet getragen. **Hals:** kräftig und gewölbt, die Haut darauf sehr stark und lose, in Falten gelegt wie z.B. bei Mastiff, Dogue de Bordeaux oder Bulldog, nicht wie beim Bull Terrier. **Vorderläufe:** gerade, kräftig und senkrecht. **Rumpf:** breiter, tiefer Brustkorb, reicht bis zu den Ellbogen; die Schultern sind kräftig und muskulös, die Rückenlinie fällt vom Widerrist allmählich zur Kruppe ab. **Hinterläufe:** kräftige, gut bemuskelte und gewinkelte Keulen. **Pfoten:** geschlossen, die Zehen kurz und gewölbt. **Rute:** lang und kräftig, in der Ruhe herabhängend, in Erregung, bei Freude oder im Kampf höher getragen und seitlich bewegt. **Haar:** kurz, glatt und anliegend. **Farbe:** reinweiß. **Größe.** die Widerristhöhe ist 60-65 cm, das Körpergewicht 40-45 kg.

Herkunftsland: Frankreich

Die Bordeaux-Dogge stellt einen erhaltenen Archetyp des antiken Molosserhundes dar, der sozusagen ohne spätere und äußere Einflüsse jahrhundertelang auf einem nacheinander von Kelten und Römern besiedelten Gebiet lebte. Wie die Gladiatorenmolosser in der römischen Arena scheute auch die französische Dogge keinen Kampf mit Stieren und Bären. Außerhalb ihrer Herkunftsregion jedoch war sie bis Mitte des 19. Jahrhunderts praktisch unbekannt – bis sie vor allem der legendäre Kampfhund Bataille berühmt machte, der Bären anging, die keinen schützenden Maulkorb trugen. Geschätzt wurde auch die rassentypische eckige Form des mächtigen Kopfes. Heute ist dies ein ruhiger, würdiger und ausgeglichener Hund, der jedoch ausschließlich seinen Herrn respektiert, der ihn freilich auch physisch beherrschen sollte.

Beschreibung: Kopf und Schädel: sehr mächtig, eckig, breit, ziemlich kurz; Scheitel ist zwischen den Ohren leicht konvex und der Kopf auf beiden Seiten von symmetrischen Falten bedeckt, die sich bewegen, wenn der Hund aufmerksam ist; Fang mächtig, breit, ziemlich kurz, der eckige Nasenrücken leicht gebogen, schwarz oder braun, je nach Farbe der Maske; Kiefer sehr mächtig, breit, eckig; bei geschlossenem Maul dürfen die Zähne nicht zu sehen sein. **Augen:** oval, weit auseinander, offener Ausdruck; Augenfarbe bei Hunden mit schwarzer Maske nuß- bis dunkelbraun, bei Hunden mit brauner Maske hellere Augen zugelassen. **Ohren:** relativ klein, am Ansatz etwas erhoben, den Backen anliegend, ihre gerundete Spitze sollte nicht über das Auge reichen. **Zähne:** außerordentlich kräftig, mit mächtigen Fangzähnen; Schneidezähne in einer geraden Linie. **Hals:** sehr muskulös, zylindrisch, außerordentlich kräftiger Nacken, viel lose Haut unter dem Hals. **Vorderläufe:** schräggestellte Schulterblätter, Läufe sehr bemuskelt, weit auseinanderstehend, gerade, bei Hunden mit sehr breitem Brustkorb leicht nach innen zeigend; Mittelfuß ist leicht auswärts gedreht. **Rumpf:** geräumiger, tiefer, breiter Brustkorb, ausgeprägte Vorderbrust; die konvexen Rippen reichen weit nach hinten; Rücken gerade, breit, muskulös, Widerrist hervortretend; Lenden breit, kurz, fest, Kruppe fällt sanft zum Rutenansatz ab. **Hinterläufe:** mächtig entwickelte Keulen, Waden symmetrisch, kurz, muskulös. **Rute:** im Ansatz sehr stark, in der Ruhe tief getragen, bei Erregung angehoben. **Haar:** fein, kurz. **Farbe:** einheitlich rostbraun oder verschiedene fahlgelbe Schattierungen; kleinere weiße Abzeichen an Vorderbrust und Läufen zulässig; schwarze oder rote Gesichtsmaske. **Größe:** Widerristhöhe des Rüden 60-68 cm, der Hündin 58-66 cm.

Herkunftsland: Tibet

Do-Khyi ist die örtliche Bezeichnung für einen mächtigen Hund, den schon im 4. Jahrhundert v. Chr. Aristoteles und im 11. Jahrhundert Marco Polo beschrieben und den die heutige Welt als Tibet-Dogge oder Tibet-Mastiff kennt. Die außerordentlich alte Rasse wird allgemein als Vorläufer aller gegenwärtigen doggenartigen Hunderassen angesehen. Die Geschichte seiner Herkunft ist die der Expansion der asiatischen Nomadenstämme, der Eroberungskriege der Antike und auch ein Abbild der europäischen Geschichte sowie der Geschichte der Eroberung der Neuen Welt. In der zweiten Hälfte des 19. Jahrhunderts gelangte er erneut aus seinem Herkunftsland, dem Himalaja-Gebiet, in seiner unveränderten Gestalt nach Europa. Auch der Prince of Wales besaß damals einen Tibet-Mastiff. Heute ist seine Zucht in Europa im Aufwärtstrend begriffen. Er dient hauptsächlich als nachdrücklicher und kompromißloser Wachhund.

Beschreibung: Kopf und Schädel: Kopf ziemlich breit, schwer und kräftig, Schädel massiv, mit stark ausgeprägtem Hinterhauptbein und Stop; Fang ist breit, voll, eckig, Nase breit, gut pigmentiert. **Augen:** sehr ausdrucksvoll, mittelgroß, in allen Braunschattierungen, oval, leicht geschrägt. **Ohren:** mittellang, dreieckig, herabhängend, niedrig getragen, nach vorn gekippt oder eng am Kopf hängend. **Zähne:** perfektes, vollständiges, regelmäßiges Scherengebiß in kräftigen Kiefern, Zangengebiß ist zulässig. **Hals:** kräftig, sehr bemuskelt, gewölbt. **Vorderläufe:** Läufe muskulös, starkknochig, gerade, mit kräftigem, leicht geneigtem Mittelfuß, gut befedert. **Rumpf:** kräftig, gerader Rücken, Brustkorb tief, mäßig breit, mit gewölbten Rippen; Rumpf etwas länger als Widerristhöhe. **Hinterläufe:** mächtig, muskulös, Knie gut gewinkelt, tiefe, kräftige Sprunggelenke, von hinten gesehen parallel. **Pfoten:** ziemlich groß, kräftig, auch zwischen den Zehen gut befedert. **Rute:** mittellang, reicht nicht bis zu den Sprunggelenken; hoch, in der Rückenlinie angesetzt; wird über dem Rücken zur Seite gerollt und ist gut befedert. **Haar:** beim Rüden reicher, kräftig, mit schwerer Unterwolle, die Haare sind fein; am meisten behaart sind Hals und Schultern, die Rute sehr dicht, die Hinterläufe vor allem im oberen Teil. **Farbe:** tiefschwarz, schwarz und lohfarben, braun, verschiedene Goldschattierungen, verschiedene Grautöne, auch grau mit goldfarbenen Abzeichen; ein weißer Stern an der Brust ist zulässig, ebenso minimale weiße Abzeichen an den Pfoten; lohfarbene und goldene Abzeichen sind über den Augen, am unteren Teil der Läufe und an der Rutenspitze. **Größe:** Widerristhöhe des Rüden mindestens 26 Zoll (66 cm), der Hündin 24 Zoll (61 cm).

Herkunftsland: Schweden

Der Drever, ein kleiner Laufhund, wurde Ende des 19. Jahrhunderts auf der Grundlage einiger importierter Niederlaufhunderassen aus dem Alpenraum geschaffen. Den schwedischen Jägern, die zur Regulierung der wachsenden Wildbestände einen geeigneten Jagdhund benötigten, gefiel vor allem die Alpenländische Dachsbracke, ein direkter Abkömmling der einstigen Laufhunde der Kelten. 1890 führte H. Carbonier die ersten Dachsbracken ein, gefolgt von W. Zirkenbach und G. Bruk. Die Beliebtheit der schwedischen Bracke wuchs vor allem seit den zwanziger Jahren, als sie zur Jagd auf Füchse, Hasen und Rehwild verwendet wurde, also auch als Schweißhund. Als selbständige Rasse wurde sie von der FCI 1984 anerkannt. Seitdem beginnt sie sich auch außerhalb von Skandinavien durchzusetzen und gewinnt wegen ihrer interessanten Erscheinung und Fähigkeiten auch in anderen europäischen Ländern Freunde.

Beschreibung: Kopf und Schädel: relativ groß, langgestreckt, am breitesten zwischen den Ohren, nach vorn zu schmäler. Stop schwach gekennzeichnet, Fang gut entwickelt, nicht spitz; Nasenrücken gerade oder sanft gewölbt, Nase schwarz gefärbt. **Augen:** klar, ausdrucksvoll, dunkelbraun. **Ohren:** mittellang, breit, an den Enden leicht gerundet, tief angesetzt, am Kopf anliegend. **Zähne:** kräftig, Scherengebiß. **Hals:** lang und kräftig, geht regelmäßig in die Schultern über. **Vorderläufe:** gut bemuskelte Schultern, lange, nach hinten gelegte Schulterblätter, Läufe kräftig, gerade, parallel. **Rumpf:** gerader, kräftiger Rücken, zur Kruppe sanft ansteigend, Lenden kräftig, verhältnismäßig kurz, Kruppe kräftig, breit, leicht geneigt, Brustkorb eiförmig im Profil, reicht bis zu den Ellbogen. **Hinterläufe:** gerade, parallel, Oberschenkel muskulös, die Fußwurzel kurz und fast senkrecht. **Pfoten:** gerade nach vorn gerichtet, geschlossene Zehen, harte Ballen. **Rute:** lang, im Ansatz kräftig, am besten herabhängend, in Bewegung höher getragen, aber nie über dem Rücken. **Haar:** grob, gerade und eng anliegend, an Kopf, Ohren und unteren Teilen der Läufe kürzer, am Hals, Rücken und an der Rückseite der Oberschenkel länger; bildet an der Rutenunterseite eine Bürste. **Farbe:** alle Farben in Kombination mit Weiß, das von vorn, von den Seiten und von hinten zu sehen sein muß; erwünscht eine Blesse, ein sich stark verbreiternder weißer Streifen zwischen den Augen bis zur Stirn und ein Halsring sowie weiße Abzeichen an Rutenende und Zehen. **Größe:** ideale Widerristhöhe des Rüden 36 cm (Toleranz 32-40 cm), der Hündin 34 cm (Toleranz 30-38 cm).

Herkunftsland: Großbritannien

Heute erscheint es sonderbar, daß ein Hund, den man „Weißer Kavalier" oder „Gladiator" nannte, deshalb gezüchtet wurde, weil 1835 auf den Inseln Tierkämpfe verboten wurden, vor allem die traditionellen von Bulldoggen mit Stieren. Die Kämpfe und vor allem die Wetter mußten in Kellerräume und geheime Turnierplätze flüchten, wobei Ratten an die Stelle der Stiere traten. Der Kampf mit ihnen erforderte freilich eine höhere Schnelligkeit und Wendigkeit. Der bewährte englische Bulldog wurde mit dem altenglischen weißen Terrier gekreuzt, und das ergab die Grundlage für den English Bull Terrier. Zum Mut und Eifer des Bulldogs gesellten sich das Temperament des Terriers und seine Schärfe. So erzielten die neuen Hunde Leistungen, die noch heute im Guiness-Buch der Rekorde stehen. Später begann man den Bull Terrier auch jagdlich einzusetzen, vor allem auf Schwarzwild, wo er bis heute keinen Konkurrenten hat.

Beschreibung: Kopf und Schädel: lang, kräftig und genügend tief bis zum Ende des Fanges, aber nie grob; von vorn gesehen eiförmig, überall gut ausgefüllt, ohne Vertiefungen; zwischen den Ohren ist der Kopf flach; das Profil neigt sich sanft zur Nase hin, die schwarz und nach unten gebogen ist; Nasenlöcher gut entwickelt, Unterkiefer tief und kräftig. **Augen:** sehen schmal aus, schräggestellt, dreieckig, gut eingesetzt, schwarz oder möglichst dunkel; blaue oder bläuliche Augen unerwünscht. **Ohren:** klein, dünn, nahe beieinander; der Hund muß sie aufgerichtet, mit den Spitzen nach oben zeigend tragen können. **Zähne:** gesundes, kräftiges, regelmäßiges Scherengebiß; Lefzen glatt, schließen gut. **Hals:** sehr muskulös, lang, gewölbt, ohne lose Haut. **Rumpf:** gerundet, mit gut markierten, elastischen Rippen und tiefem Brustkorb; Rücken kurz, kräftig, in der Partie der sanft gewölbten, breiten, muskulösen Lenden leicht angehoben. **Gliedmaßen:** bemuskelt, Schultern kräftig, Ellbogen fest, Mittelfuß senkrecht, Vorder- und Hinterläufe vollkommen parallel, Keulen muskulös, Unterschenkel gut entwickelt. **Pfoten:** rund und geschlossen, mit gewölbten Zehen. **Rute:** kurz, tief angesetzt, waagrecht getragen. **Haar:** kurz, anliegend, gerade, glänzend, grob, Haut liegt dem Körper eng an. **Farbe:** bei Weißen reinweiß, bei farbigen Hunden müssen die farbigen Flächen überwiegen; alle Färbungen gleichwertig, doch wird gestromte bevorzugt; zugelassen sind auch schwarze Stromung, Rot, Fahl sowie Trikolor; Blau und leberbraun unerwünscht. **Größe:** Widerristhöhe und Körpergewicht durch den Standard limitiert, doch ist für den Ausdruck eine Substanz wichtig, die der Größe und dem Geschlecht entspricht.

Herkunftsland: Großbritannien

Jagdhunde vom Typ der Spaniels waren auf den britischen Inseln schon im 10. Jahrhundert bekannt, und trotz ihres Namens ist durchaus nicht sicher, daß sie wirklich von der Iberischen Halbinsel stammen. In älteren Zeiten waren sie noch nicht auf Wasserarbeiten und das Aufstöbern von Wild in dichtem Bewuchs spezialisiert. Noch 1859 wurden sie in Wasser- und Feldspaniels eingeteilt, auch wenn sie damals schon bekannt waren als Field, Cocker, Sussex und Clumber Spaniels, so wie heute. Der Name Cocker leitet sich offenbar von ihrem Einsatz bei der Jagd auf Waldschnepfen – woodcocks – ab oder von cock-shooting, d.h. Jagd auf Wasservögel und Federwild. Eine selbständige Klasse für Cokker Spaniels wurde erstmalig 1883 in Ashton geschaffen. Ihre attraktive Erscheinung und liebe Wesensart brachte sie jedoch aus dem Wald bald auch in die Salons, und so wurden aus ihnen sehr beliebte Begleithunde.

Beschreibung: Kopf und Schädel: eckiger Fang, ausgeprägter Stop; Hirnschädel gut entwickelt und modelliert, weder zu fein noch grob; Backenknochen treten nicht hervor, Nase genügend groß. **Augen:** groß, aber nicht vortretend, braun oder dunkelbraun, nie hell, aber bei Leberbraunen, leberbraun Gefleckten und Leberfarbenen mit Weiß sind sie dunkel nußbraun und passend zur Fellfarbe; der Ausdruck intelligent und weich, jedoch wachsam, munter und fröhlich. **Ohren:** herabhängend, in Augenhöhe angesetzt, dünn und bis zur Nasenspitze reichend, gut mit langem, glattem, seidigem Haar bedeckt. **Zähne:** senkrecht in kräftigen Kiefern, regelmäßiges, vollständiges Scherengebiß. **Hals:** mittellang, muskulös, trocken und ohne Wamme. **Vorderläufe:** gerade, mit sehr guten Knochen, kurz genug, um Kräfte zu sparen, ohne die Bewegung beim Arbeiten einzuschränken. **Rumpf:** kräftig und kompakt, Brustkorb gut entwickelt, tief und vorn weder zu breit noch zu schmal, Rippen gut gewölbt, Rücken fest und gerade, Lenden kurz und breit, zum Ende hin leicht geneigt. **Hinterläufe:** breit, rundlich, sehr muskulös, mit guten Knochen, in den Knien richtig gewinkelt, kurz unter den Sprunggelenken. **Pfoten:** fest, mit kräftigen Ballen, katzenartig. **Rute:** leicht über der Rückenlinie angesetzt, in Aktion fröhlich getragen, gewöhnlich kupiert, doch nie so kurz, daß er nicht seine Freude beim Arbeiten zeigen könnte. **Haar:** glatt, seidig, nie drahtig oder gewellt, nicht zu reich und nie gelockt; reichere Behaarung an den Vorderläufen, am Rumpf und an den Hinterläufen über den Sprunggelenken. **Farbe:** verschieden; bei Einfarbigen ist Weiß nur an der Brust gestattet. **Größe:** Widerristhöhe des Rüden ist etwa 15 1/2 - 16 Zoll (39-41 cm) der Hündin 15 - 15 1/2 Zoll (38-39 cm); Körpergewicht 28-32 lb (12,5-14,5 kg).

ENGLISH POINTER

Herkunftsland: Großbritannien

Vorläufer des English Pointer ist der spanische Vorstehhund, genauer der hochläufige Laufhund Bracce de Punta, der auf typische Art arbeitete: durch Vorstehen beim Ausstellen des Wildes. Schon im 17. Jahrhundert unterschied er sich von den anderen Vorstehhunden dadurch, daß er das Wild nicht hetzte, sondern unbeweglich vor ihm stehenblieb und die Jagd dem Schützen überließ. Auf die britischen Inseln gelangte er kurz vor 1700, war allerdings schwerer und robuster. Die englische Züchterschule brachte diese Rasse bald zur Perfektion. Bis 1850 wurden in der Zucht Foxhounds verwendet, die gegenwärtige Erscheinung verlieh ihnen aber erst William Alkwright, in dessen Zucht neben den ursprünglichen gescheckten Hunden auch andersfarbige auftauchten. Eingekreuzt wurden offenbar auch der englische Bulldog, Greyhound und Bloodhound. Dieser vollendet modellierte Hund mit charakteristischem Kopf ist der Stolz jedes Jägers.

Beschreibung: Kopf und Schädel: mittellanger Hirnschädel gleicher Länge wie der Fang; Stop ausgeprägt, Hinterhauptbein gut markiert; Nase und Augenlider dunkel, bei gelben (zitronenfarbenen) und weißen Hunden heller; Nüstern breit, zart und feucht, der Nasenrücken leicht eingedrückt (konkav); unter den Augen sind leichte Vertiefungen, die Bakkenknochen treten nicht hervor, die zarten Lefzen sind gut entwickelt. **Augen:** liegen in der Mitte zwischen Hinterhauptbein und Nasenlöchern, mit munterem und freundlichem Ausdruck; sind dunkel bis haselnußbraun je nach der Fellfarbe, weder herausquellend noch tiefliegend. **Ohren:** dünn, ziemlich hoch angesetzt, eng am Kopf anliegend und an den Enden leicht zugespitzt. **Zähne:** perfektes, regelmäßiges und vollständiges Scherengebiß in kräftigen Kiefern. **Hals:** lang, muskulös, leicht gewölbt und ohne Wamme. **Vorderläufe:** gerade und fest, mit guten, ovalen Knochen. **Rumpf:** gut gewölbte, nach hinten gelegte Rippen, die allmählich zu den stark bemuskelten und leicht gewölbten Lenden abfallen; kurz aufgezogen, Brustkorb genügend breit, tief und bis zu den Ellbogen reichend. **Hinterläufe:** sehr muskulös, in den Knien gut gewinkelt, Sprunggelenke tief. **Pfoten:** oval und fest, mit gewölbten Zehen und kräftigen Ballen. **Rute:** mittellang, an der Wurzel stark und allmählich sich verjüngend, gut befedert, in Rückenhöhe getragen, ohne Krümmung, im Gehen zur Seite bewegt. **Haar:** fein, kurz, ganz glatt und gerade, glänzend. **Farbe:** gelb und weiß, orange und weiß, leberbraun und weiß, schwarz und weiß; einfarbig und trikolor sind ebenfalls korrekt. **Größe:** geforderte Widerristhöhe des Rüden 25-27 Zoll (63 bis 69 cm), der Hündin 24-26 Zoll (61-66 cm). Der Hund muß einen kräftigen, aber elastischen Eindruck machen.

Herkunftsland: Großbritannien

Der Name dieses englischen Vorstehhundes, wegen seiner herrlichen Färbung nicht selten als die eleganteste Rasse der Welt angesehen, ist von seinem Verhalten bei der Jagd abgeleitet, wenn er den Schützen dadurch, daß er sich setzt (to set), auf die Nähe von Wild aufmerksam machte, also nicht wie die anderen Vorstehhunde durch Erstarren in typischer Haltung mit emporgehobenem Vorderlauf. Die Herkunft aller vier English Setter wird von den englischen Spaniels abgeleitet, vor allem vom ältesten, dem English Springer Spaniel. Nicht ausgeschlossen ist, daß der English Setter durch Kreuzung des Springer Spaniel mit dem Pointer entstand. Die Zucht der English Setter sind mit den Züchtern E. Laverack und P. Llewellin verknüpft, unter deren Namen sie lange Zeit bekannt waren. Der English Setter ist energisch und zuverlässig in der Arbeit, bei der er seine Intelligenz bewährt, er ist fein, zurückhaltend und ergeben.

Beschreibung: Kopf und Schädel: der Kopf wird hoch getragen, ist lang, verhältnismäßig trocken, mit gut markiertem Stop, Schädel oval, Hinterhauptbein gut gekennzeichnet, Fang mäßig tief, fast eckig; Nasenlöcher breit, Lefzen nicht überhängend, Nase schwarz oder leberbraun je nach Fellfarbe. **Augen:** funkelnd, mit weichem, aber lebhaftem Ausdruck; nuß- bis dunkelbraun, bei leberfarben Gefleckten können sie heller sein. **Ohren:** mäßig lang, tief angesetzt, eng an den Backen hängend, an der Spitze samtig, im Oberteil von feinem seidigem Haar bewachsen. **Zähne:** perfektes, regelmäßiges, vollständiges Scherengebiß in kräftigen Kiefern. **Hals:** eher lang, muskulös, trocken, leicht gewölbt, elegant. **Vorderläufe:** gerade, gut bemuskelt, starkknochig, Ellbogen liegen dem Körper an, der Mittelfuß kräftig, kurz und gerade. **Rumpf:** mäßig lang, Rücken kurz und gerade, Rippen richtig gewölbt, Brustkorb breit und tief, mit ausgeprägtem Brustbein. **Hinterläufe:** unter breiten, kräftigen, leicht gewölbten Lenden, muskulös, in den Knien gut gewinkelt. **Pfoten:** geschlossen, mit kräftigen Ballen, Zehen gut gewölbt, durch Haare zwischen ihnen geschützt. **Rute:** ungefähr in Rückenhöhe angesetzt, mittellang, nicht bis unter die Sprunggelenke reichend, kann leicht gebogen sein, jedoch ohne sich aufwärts zu rollen; wird nie über Rückenhöhe getragen; das Haar darauf bildet eine sog. Fahne, ist weich und seidig, nie gelockt. **Haar:** vom Scheitel abwärts leicht gewellt, nicht gelockt, lang und seidig. **Farbe:** schwarz und weiß, orange und weiß, gelb und weiß, leberbraun und weiß oder trikolor. **Größe:** die Widerristhöhe des Rüden ist 25 ¹/₂ - 27 Zoll (65-68 cm), die der Hündin 24-25 ¹/₂ Zoll (61-65 cm).

Herkunftsland: Großbritannien

Der English Springer Spaniel ist mit seiner etwas kleineren Spielart aus Wales – dem Welsh Springer Spaniel – eine der ältesten Jagdhundrassen der Welt. Sein Name leitet sich von der besonderen Art des Jagens in ein Netz – dem sog. springing – ab, die schon den Kelten bekannt war. Allerdings verwendete man ihn auch bei der Falkenjagd und gemeinsam mit Wind- und anderen Laufhunden bei Hetzjagden, schließlich wurde er aber der Begründer und Repräsentant der Gruppe der Stöberhunde, die Klein- und Federwild jagten und aufspürten. Aus ihnen entwickelten sich durch weitere jagdliche Spezialisierung auch die Vorstehhunde und schließlich die Retriever. Der English Springer Spaniel gilt als einer der vielseitigsten Jagdhunde mit hochwertigen Leistungen auf allen Gebieten der Jagd, die sonst die Domäne von Spezialisten sind. Er vermag allerdings auch ein ruhiger und doch munterer Gefährte zu sein.

Beschreibung: Kopf und Schädel: mittellang, verhältnismäßig breit und leicht gewölbt, der Stop markiert; zwischen den Augen ist eine Furche, die über die Stirn hinweg zum unausgeprägten Hinterhauptbein schmäler wird; die Backen sind flach, die Gesichtspartie gegenüber dem Schädel mäßig lang, ziemlich breit und tief, unter den Augen gut ausgefüllt und in den Lefzen relativ tief und eckig; die Nasenlöcher sind gut entwickelt. **Augen:** mittelgroß, mandelförmig und gut angesetzt, weder vortretend noch tiefliegend, von lebhaftem, freundlichem Ausdruck und dunkel haselnußfarben. **Ohren:** gelappt, gut in Länge und Breite, eng am Kopf anliegend, in Augenhöhe angesetzt und hübsch behaart. **Zähne:** ein perfektes, regelmäßiges und komplettes Scherengebiß in kräftigen Kiefern. **Hals:** genügend lang, kräftig und bemuskelt, ohne lose Haut, leicht gewölbt und zum Kopf hin schmäler werdend. **Vorderläufe:** gerade, mit guten Knochen, die Ellbogen liegen gut dem Körper an, die Mittelhand ist kräftig und elastisch. **Rumpf:** kräftig, weder zu lang noch zu kurz, der Brustkorb tief, gut entwickelt, mit elastischen Rippen; die Lenden sind muskulös und gut entwickelt. **Hinterläufe:** korrekt gestellt, die Knie und Sprunggelenke mäßig geneigt, die Keulen breit, muskulös und gut entwickelt. **Pfoten:** rundlich, fest und geschlossen, mit kräftigen, vollen Ballen. **Rute:** tief angesetzt, nie über der Rückenhöhe getragen, gut befedert und lebhaft bewegt, in der Regel kupiert. **Haar:** anliegend, gerade, wasserfest und nie grob; Ohren, Vorderläufe, Rumpf und Hinterläufe sind genügend befedert. **Farbe:** leberbraun und weiß, schwarz und weiß oder eine Kombination aus allen diesen Farben mit lohfarbenen Abzeichen. **Größe:** die Widerristhöhe beträgt ungefähr 20 Zoll (51 cm).

ÉPAGNEUL NAIN CONTINENTAL
PAPILLON/PHALÈNE

Herkunftsland: Frankreich/Belgien

Die Herkunft der kontinentalen Zwergspaniels und ihrer engen Verwandten von den britischen Inseln – Cavalier King Charles Spaniel und King Charles Spaniel – wird zu Recht von den jagdlichen Spaniels, Stöberhunden, abgeleitet. Diese waren in ganz Europa und auf den britischen Inseln schon seit den Zeiten der Kelten bekannt, auch wenn ihre jagdliche Spezialisierung erst in die Periode Ende des 16. und Anfang des 17. Jahrhunderts fällt. Besonders die kleinen Spaniels wurden aber schon sehr früh zu Gesellschaftern, wie etwa auf Tizians Venus von Urbino. Den Namen Papillon („Schmetterlingshündchen") erhielt er erst Ende des 19. Jahrhunderts, als aus der ursprünglicheren Form mit Hängeohren, eine Varietät mit unverhältnismäßig großen Stehohren gezüchtet wurde. Ihre außerordentliche Beliebtheit hat sich bis in die moderne Zeit hinein gehalten.

Beschreibung: Kopf und Schädel: Kopf proportional der Gesamtgröße des Körpers, Schädel nicht allzu gerundet, mit angedeuteter Stirnfurche; Fang kürzer, fein modelliert, Nasenrücken gerade, Nase klein, gerundet, von oben sanft abgeflacht, schwarz. **Augen:** ziemlich groß, sehr breit mandelförmig, sehr ausdrucksvoll, dunkel. **Ohren:** ziemlich weit hinten und sehr auseinander, beim Schlag *Phalène* überhängend, hoch angesetzt, ziemlich beweglich, lang, wellig behaart, beim Schlag *Papillon* aufgerichtet, hoch angesetzt, weit geöffnet, Ohrmuscheln seitwärts gerichtet, die Enden sollten nicht spitz sein; bedeckt mit feinem welligem Haar, das weit über die Außenränder hinausreicht. **Zähne:** kräftig, Scherengebiß. **Hals:** mittellang, sanft gewölbt. **Rumpf:** länglich, Rücken gerade, nicht flach, Lenden fest, sanft gewölbt, Brustkorb breit, ziemlich tief. **Gliedmaßen:** senkrecht, parallel, Mittelfuß gut gewinkelt. **Pfoten:** länger, Krallen fest, schwarz; bei weißen und braunen Tieren heller. **Rute:** höher angesetzt, ziemlich lang, lang behaart mit schönem Federbusch; in Aktion nach oben gebogen, wobei das lange Fell von der Spitze anmutig auf den Rücken fällt. **Haar:** ohne Unterwolle, seidig glänzend, am Fang, an der Vorderseite der Läufe und an den Fersen kürzer; am Hals ein Kragen, an den Läufen sog. Hosen, bei guter Kondition am Widerrist 7,5 cm lang, Busch an der Rute bis 15 cm. **Farbe:** alle Farben auf weißem Untergrund; an Rumpf und Läufen soll Weiß dominieren, an der Stirn eine langgestreckte weiße Blesse, zulässig ein kleiner weißer Fleck am Genick, am Kopf darf Weiß nicht vorherrschen. **Größe:** Widerristhöhe ist etwa 28 cm; Papillon: Körpergewicht weniger als 2,5 kg; Phalène: Körpergewicht des Rüden 2,5-4,5 kg.

FILA BRASILEIRO

Herkunftsland: Brasilien

Die großen doggenartigen Hunde gelangten auf den südamerikanischen Kontinent mit den spanischen und portugiesischen Konquistadoren und haben sich bis heute in Rassen wie Mastin de los Pirineos, Chien de Montagne des Pyrénées oder Cao da Serra da Estrela erhalten. Mit dem Blut dieser Hunde, die ursprünglich zur Einschüchterung der indianischen Bevölkerung benutzt wurden, vermischte sich im Laufe des Eindringens von Holländern, Franzosen und Engländern das Blut des Mastiff, Bloodhound, Bulldog u.a. Einen Einfluß hatte wohl auch der heute schon ausgestorbene Hund der Azoren, genannt Fila Terceirense, dessen Herkunft freilich auch nach Europa reicht, offenbar zur Bordeaux-Dogge. Gezielte züchterische Tätigkeit, vor allem in den dreißiger Jahren des 20. Jahrhunderts, festigte die typischen Merkmale des Fila Brasileiro, der der kleinen Familie der sog. echten Molosser zugeordnet wurde.

Beschreibung: Kopf und Schädel: groß, schwer und kräftig, Hinterhauptbein ausgeprägt; Stop nicht sichtbar, Fang am Ansatz sehr tief und kräftig, seine Vorderseite fast senkrecht. **Augen:** mittelgroß bis groß, relativ weit auseinander, mitteltief liegend. Die Farben müssen der Fellfarbe entsprechen. **Ohren:** herabhängend, groß und kräftig, V-förmig, an der Wurzel breit, zu den Rändern hin schmäler, Spitzen gerundet; hinten am Kopf angesetzt; die herabhängenden Ohren liegen den Backen an oder sind zurückgelegt und lassen das Ohrinnere sehen. **Zähne:** breiter als lang, kräftig; ideal ist Scheren-, zulässig auch Zangengebiß. **Hals:** kräftig, bemuskelt, wirkt kurz, die Haut bildet eine Wamme. **Vorderläufe:** starkknochig, gerade, parallel. **Rumpf:** kräftig, breit, tief, Brustkorb länger als der restliche Körper. Brust reicht bis zu den Ellbogen; Lendenpartie kurz. **Hinterläufe:** nicht so starkknochig wie die Vorderläufe, Keulen kräftig bemuskelt, Sprunggelenke mächtig. **Pfoten:** vordere mit kräftigen Zehen, nicht zu fest geschlossen nach vorn zeigend, hintere etwas weniger oval. **Rute:** an der Wurzel sehr breit, von der Höhe der Sprunggelenke schmäler werdend; bei Erregung nach oben getragen, die Krümmung an der Spitze ist dann ausgeprägter. **Haar:** kurz, glatt, dicht, am Rumpf viel lose Haut. **Farbe:** erlaubt sind alle einfarbigen Töne außer weiß, mausgrau, gefleckt und merle; gestromte Tiere können hellere und dunklere Stromung aufweisen. **Größe:** Widerristhöhe des Rüden 65-75 cm, der Hündin 60 bis 70 cm; Körpergewicht des Rüden mindestens 50 kg, der Hündin mindestens 40 kg.

Herkunftsland: Großbritannien

Der Spezialist im Heraustreiben von Füchsen aus ihrem Bau – der Fox Terrier – wird erstmals 1859 von J.H. Walsh erwähnt und erst 1872 als selbständige Rasse angeführt. Jagdhunde wurden zur Fuchsjagd schon lange davor verwendet, sowohl bei der Jagdmethode durch Hetzen als auch bei der Erdarbeit. Das Ausgraben eines Fuchses aus seinem Bau stellen Stiche schon im Mittelalter dar, und über Hunde, die Erdarbeit leisten, schreibt bereits der antike Autor Oppianus. Aus ursprünglichen Laufhunden wurden so Arbeitsspezialisten, die oft mit Laufhunden zusammenarbeiten, wie einst die Vorläufer des Fox Terrier mit Foxhounds. An der Schaffung einer der populärsten und in ihrer Form verbreitetsten Rassen, die in zwei Varietäten des Haarkleides (heute selbständige Rassen) bekannt ist, war eine ganze Reihe weiterer Rassen beteiligt, in bezug auf Erscheinung, Lebhaftigkeit und Temperament ist sie jedoch eigenständig.

Beschreibung: Kopf und Schädel: oben flach, der Hirnschädel wird zu den Augen hin etwas schmäler; Fang verjüngt sich zur Nase zu allmählich, aber gut entwickelt, Kopf samt Gesichtspartie trocken, Nase schwarz. **Augen:** dunkel, voller Feuer und Intelligenz, eher klein, möglichst rund; helle Augen sind höchst unerwünscht. **Ohren:** klein, V-förmig, genügend kräftig, gefällig nach vorn gekippt und mit dem Innenrand den Backen anliegend; die Linie des Überkippens liegt über der Schädellinie. **Zähne:** perfektes, vollständiges Scherengebiß in kräftigen Kiefern. **Hals:** trocken, muskulös, genügend lang, graziös gewölbt. **Vorderläufe:** gerade und starkknochig bis zu den Pfoten. **Rumpf:** kurzer, gerader, kräftiger Rücken, muskulöse Lenden, Brustkorb tief, vordere Rippen mäßig gewölbt, hintere tief und elastisch. **Hinterläufe:** kräftig und gut bemuskelt, Oberschenkel lang und kräftig, Sprunggelenke niedrig, gerade, parallel. **Pfoten:** rund, geschlossen, mit kleinen, sehr elastischen Ballen, Zehen mäßig gewölbt. **Rute:** wird gewöhnlich kupiert und aufgerichtet getragen, doch nie über dem Rücken oder zusammengerollt. **Haar:** rauh, sehr dicht, an den Schultern ¾ Zoll (1,9 cm) lang, an Widerrist, Rücken, Flanken und Läufen 1 ½ Zoll (3,9 cm); Rücken und Läufe sind gröber befedert als die Flanken; an den Kiefern ist das Haar gekräuselt, an den Läufen stark gekräuselt. **Farbe:** Weiß herrscht vor, Abzeichen rot oder lohfarben (tan); nicht erwünscht sind gestromte, leberbraune oder schiefergraue Abzeichen. **Größe:** Widerristhöhe des Rüden 15 ½ Zoll (ca. 39 cm), der Hündin etwas kleiner; ideales Körpergewicht in Ausstellungskondition beim Rüden 18 lb (8,25 kg), bei der Hündin etwas weniger.

Herkunftsland: Großbritannien

Die englischen Jäger, für die der Hund stets ein unerläßlicher Bestandteil der Jagd war, befürchteten, daß das Herbeibringen des erjagten
Wildes, das Apportieren, die Fähigkeit des Vorstehens beeinträchtigen
könnte, für die ihre ausgezeichneten Vorstehhunde, Setter und Pointer, geschätzt wurden. Deshalb nahmen sie noch einen weiteren Spezialisten auf die Jagd mit: einen Retriever, d.h. Apportierhund. Der Gol-
den Retriever entstand auf dem Herrschaftsgut von Lord Tweedmouth
durch Kreuzung des gelben Wavy-Coated Retrievers (des Vorläufers des
heutigen Flat-Coated Retrievers) mit einem nicht näher bestimmten
Wasserspaniel, der eine Zeitlang auch als English Retriever bekannt
war. Die charakteristische Färbung der Retriever aus dieser Zucht gab
schließlich der selbständigen Rasse ihren Namen. Dieser elegante Hund
ist auch ein beliebter Gefährte, besonders für Kinder.

Beschreibung: Kopf und Schädel: der Kopf ausgewogen und gut modelliert, der Schädel breit, aber nicht grob, und gut auf dem Hals sitzend, die Kiefer kräftig, breit und tief; der Fang ist ungefähr so lang wie die Entfernung vom sehr gut markierten Stop bis zum Hinterhauptbein. **Augen:** dunkelbraun und weit auseinander, mit dunkel pigmentierten Lidrändern. **Ohren:** mäßig groß, etwa in Augenhöhe angesetzt. **Zähne:** perfektes, vollständiges und regelmäßiges Scherengebiß in kräftigen Kiefern. **Hals:** von richtiger Länge, trocken und muskulös. **Vorderläufe:** gerade, mit guten Knochen, die Schulterblätter korrekt nach hinten gestellt, die Oberarmknochen sind angemessen lang, damit die Läufe gut unter dem Körper stehen, die Ellbogen liegen eng an. **Rumpf:** ausgewogen, kurz aufgezogen, mit tiefem Brustkorb und gut gewölbten Rippen; der Rücken ist gerade. **Hinterläufe:** die Läufe und Lenden kräftig und muskulös, die Sprunggelenke gut gewölbt; von hinten gesehen sind sie gerade, weder ein- noch auswärts gedreht; eine Kuhstellung ist höchst unerwünscht. **Pfoten:** rund und katzenartig. **Rute:** in Rückenhöhe angesetzt und getragen, reicht bis zu den Sprunggelenken, am Ende ohne Krümmung. **Haar:** flach oder wellig, mit gut entwickelter, dichter und wasserfester Unterwolle. **Farbe:** jede Gold- oder Cremeschattierung, nicht Rot oder Mahagoni; einige weiße Haare sind nur auf der Brust erlaubt. **Größe:** die Widerristhöhe des Rüden ist 22-24 Zoll (56-61 cm), die der Hündin 20-22 Zoll (51-56 cm).

Herkunftsland: Großbritannien

Dem vierten Herzog von Richmond und Gordon, Alexander, genügte nicht die Größe, Stärke und Ausdauer der bis dahin in England und Schottland verwendeten Vorstehhunde, die das Wild – durch sog. Hinsetzen – anzeigten, und so kreuzte er die lokalen typisch schwarzen Hunde mit einem lohfarbenen Hubertushund. Es handelte sich um einen großen Laufhund aus dem Grenzgebiet zwischen Frankreich und Belgien, der auf den britischen Inseln unter dem Namen Bloodhound heimisch geworden war. Er veränderte so die Arbeitsweise seiner Hunde auf der Spur: Im Gegensatz zu den anderen Vorstehhunden verfolgt der Gordon Setter die Spur mit tiefer Nase. An seiner Entstehung waren wohl Hütehunde vom Collietyp beteiligt. Es handelt sich um einen selbstbewußten, ausgeglichenen Hund, der fast ausschließlich zur Jagd verwendet wird.

Beschreibung: Kopf und Schädel: der Kopf ist etwas tiefer als breit, der Hirnschädel aber breiter als der Fang; der Schädel ist leicht gerundet und zwischen den Ohren breiter, der Stop deutlich ausgeprägt, der Fang lang, mit parallelen Linien, Nase groß, geräumig und schwarz, die Nüstern geöffnet. **Augen:** dunkelbraun und markant, mit scharfem, intelligentem Ausdruck. **Ohren:** mittelgroß, dünn, niedrig angesetzt und eng am Kopf hängend. **Zähne:** perfektes regelmäßiges und vollständiges Scherengebiß in kräftigen Kiefern. **Hals:** lang, trocken, gewölbt. **Vorderläufe:** gerade, kräftig, mit flachen Knochen, die Ellbogen liegen dem Körper an. **Rumpf:** mäßig lang, mit tiefem Brustkorb, die Rippen gut gewölbt, die hinteren Rippen tief, die Lenden breit und leicht gewölbt, die Brust nicht allzu breit. **Hinterläufe:** breit, muskulös und gut gewinkelt, die Beckenknochen sind fast waagrecht. **Pfoten:** oval, geschlossen und zwischen den Zehen reich behaart. **Rute:** stark an der Wurzel, gerade bis leicht säbelförmig, reicht bis zu den Sprunggelenken; horizontal oder unter der Rückenlinie getragen, charakteristisch befedert. **Haar:** am Kopf, an den Vorderseiten der Läufe und den Ohrenspitzen kurz und fein, sonst mäßig lang, glatt und ohne Locken oder Wellen, an den Rückseiten der Läufe und an der Rutenunterseite lang und seidig, fein, flach und gerade, die Fransen am Bauch können bis zur Brust und Kehle gehen. **Farbe:** kohlschwarz ohne rostigen Schimmer, mit Abzeichen in sattem kastanienrotem Brand über den Augen, seitlich am Fang, an Kehle und Brust, an den Innenseiten der Vorder- und Hinterläufe, verbreitern sich zu den Pfoten hin auch auf die Außenseite; ein sehr kleiner weißer Fleck an der Brust ist zulässig. **Größe:** die Widerristhöhe des Rüden ist 26 Zoll (66 cm), die der Hündin 24 1/2 Zoll (62 cm).

Herkunftsland: Großbritannien

1776 wurden im englischen Norfolk erstmals die Regeln für das Coursing festgelegt, das Wettrennen einer Gruppe von Windhunden im
freiem Gelände. Bis dahin hatten daran nur zur wirklichen Jagd verwendete Windhunde teilgenommen, die von der Iberischen Halbinsel
mit den Kelten dahingelangt waren. Zu nennen ist hier der Galgo Español, der nächste und älteste Verwandte des englischen Greyhound. Die
sich ausbreitenden sportlichen Veranstaltungen, die mit der Schaffung
von Coursing Clubs auf eine Rennbahn verlegt wurden, stimmten die
Erscheinung und die Lauffähigkeiten dieses schnellsten Windhundes
ab, der Geschwindigkeiten über 60 km/h erreichen kann. Das Stammbuch der Greyhounds wurde 1882 eingeführt.

Beschreibung: Kopf und Schädel: lang und mittelbreit, mit flachem Hirnschädel; leichter Stop; die Kiefer sind kräftig und gut geformt. **Augen:** klar, intelligent, oval und schräggestellt; bevorzugt wird eine dunkle Färbung. **Ohren:** klein und zart, nach hinten gelegt und verschieden geformt. **Zähne:** perfektes, vollständiges und regelmäßiges Scherengebiß in kräftigen Kiefern. **Hals:** lang, muskulös und elegant gewölbt, fließender Übergang in die Schultern. **Vorderläufe:** schräggestellte, gut bemuskelte Schulterblätter mit sichtbaren Rändern, die Läufe sind zwischen Ellbogen und Pfoten gerade, die Knochen von guter Substanz und Qualität, die Ellbogen schön beweglich und gut unter die Schulterblätter gestellt; der Mittelfuß ist mäßig lang und leicht elastisch; Ellbogen, Mittelfuß und Zehen sind weder ein- noch auswärts gedreht. **Rumpf:** tiefer und geräumiger Brustkorb, der dem Herz genug Platz bietet, die Rippen sind gut gewölbt und reichen weit nach hinten; die Weichen sind gut aufgezogen, der Rücken eher lang und breit, die Lenden mächtig und leicht gewölbt; Rumpf und hinterer Teil des Körpers sind proportioniert und gut aufgezogen. **Hinterläufe:** breite Ober- und Unterschenkel, gut bemuskelt, die Knie richtig gewinkelt, die Sprunggelenke tief, weder ein- noch auswärts gedreht. **Pfoten:** mäßig lang, mit geschlossenen, knochigen Zehen und starken Ballen. **Rute:** lang, tief angesetzt, an der Wurzel kräftig und allmählich schmäler werdend, leicht nach unten gebogen getragen. **Haar:** fein und anliegend. **Farbe:** schwarz, weiß, rot, blau, fahl, sandfarben, gestromt oder eine dieser Farben kombiniert mit Weiß. **Größe:** die ideale Widerristhöhe des Rüden ist 28 bis 30 Zoll (71-76 cm), die der Hündin 27-28 Zoll (68-71 cm).

Herkunftsland: Belgien

Die belgischen Pinscher – die Griffons – sind samt dem Brabanton, der glattes Haar hat, das örtliche grobhaarige Pendant der deutschen Pinscher, vor allem des stets seltenen Affenpinschers, des Zwergschnauzers oder des Hollandse Smoushond. Es sind sehr alte Rassen europäischen Ursprungs, und hier haben diese kleinen Hunde jahrhundertelang in Stallungen, Scheunen, Wohngebäuden und auf Flußbooten zum Vernichten unerwünschter Nager gedient sowie als flinke und aufmerksame Wachhunde, die ihren Besitzer ausdrucksvoll auf einen fremden Eindringling aufmerksam zu machen wußten. In England entsprechen ihnen die niederläufigen Terrier. Eine zielbewußte Zucht der belgischen Griffons begann um 1880, und in ihren Anfängen wurde auch der englische Mops verwendet, später offenbar der Yorkshire Terrier. Es sind muntere, lebhafte und temperamentvolle, ideale Gefährten für die Wohnung.

Brüsseler Zwerggriffon

Beschreibung: Kopf und Schädel: breit und rund, mit gewölbter Stirn und bedeckt mit harten, zerzausten Haaren, die um Augen, Nase, Wangen und Stirn etwas länger sind und als Schmuck wirken; die Nase ist immer schwarz und möglichst kurz, mit sehr ausgeprägtem Stop; die Lefzen sind schwarz umsäumt, und das Kinn ragt über den Oberkiefer hinauf. **Augen:** groß, rund und schwarz, mit langen schwarzen Wimpern; die Lidränder sind schwarz pigmentiert; die Augen müssen weit auseinanderliegen und hervortreten. **Ohren:** immer aufgerichtet. **Zähne:** die untere Reihe der Schneidezähne liegt vor der oberen Reihe (Vorbiß). **Hals:** charakterisiert der Standard nicht. **Rumpf:** die Brust ist verhältnismäßig breit und tief. **Gliedmaßen:** gerade, parallel und mittellang. **Pfoten:** kurz, rund und gut geschlossen, mit schwarzen Ballen und Krallen. **Rute:** erhoben getragen und um zwei Drittel ihrer Länge kupiert. **Haar:** hart, zerzaust, halblang und dicht. **Farbe:** fuchsrot; ein schwarzer Schimmer an Fang und Kinn ist zulässig. **Gewicht:** die niedrigste Gewichtskategorie darf nicht unter 3 kg liegen, bei der höheren (über 3 kg) darf der Rüde nicht mehr als 4,5 kg und die Hündin nicht mehr als 5 kg wiegen.

Belgischer Zwerggriffon

Beschreibung: Seine Rassemerkmale entsprechen denen des Griffon bruxellois mit dem Unterschied, daß für diese Variante folgende Farben zulässig sind: schwarz, schwarz mit Brand, schwarz-rot-braun meliert.

Herkunftsland: Schweiz

Fast bis zum Ende des 19. Jahrhunderts wurden die vier heutigen Rassen der Schweizer Sennenhunde – Appenzeller, Entlebucher, Berner und Großer Schweizer – nicht als selbständig aufgefaßt. Bei gemeinsamer Trikolorfärbung unterschiede sich der Treibhund aus der Berner Gegend durch sein langes Haar. Noch 1908, als in der Zucht der Berner Sennenhunde kurzhaarige Welpen auftauchten, wurden sie als weniger wertvoll ausgesondert. Zum Glück war es Prof. A. Heim klar, daß glatthaarige Hunde die entwicklungsmäßig ältere und ursprünglichere Form darstellen, und er empfahl, ihnen besondere Aufmerksamkeit zuzuwenden. Durch Herkunft und Schicksal steht der Große Schweizer Sennenhund der kurzhaarigen Varietät des St. Bernhardshundes sehr nahe. Seine Verwendung als Zug- und Treibhund gehört schon der Vergangenheit an, heute ist er ein verläßlicher Wächter und ausgeglichener Gesellschafter.

Beschreibung: Kopf Und Schädel: seine Mächtigkeit entspricht der Körpergröße; Gehirnschädel so lang wie der Fang, Stirnfurche flach, Stop nur leicht angedeutet; Fang breit, Nasenrücken gerade. **Augen:** mittelgroß, haselnuß- bis kastanienbraun, mit Ausdruck wachsam, entschlossen, ergeben und intelligent. **Ohren:** mittelgroß, dreieckig, ziemlich hoch angesetzt, herabhängend; beiderseitig behaart. **Zähne:** kräftig, Scherengebiß. **Hals:** kräftig, bemuskelt, mittellang. **Vorderläufe:** lange, schräg nach hinten gestellte Schulterblätter, gut bemuskelt, dem Brustkorb anliegend, Unterarme kräftig, gerade, Mittelfuß und Mittelhand eher lang. **Rumpf:** tiefer, breiter Brustkorb mit ausgeprägter Vorderbrust, Widerrist ist hoch und lang, Rücken lang, kräftig, gerade, Lenden breit und kräftig, Kruppe lang, breit, gerundet. **Hinterläufe:** breite, kräftige, gut bemuskelte Keulen, Sprunggelenke breit, kräftig. **Pfoten:** rundlich, kurz, geschlossen, Krallen kurz, kräftig. **Rute:** ziemlich schwer, reicht bis zu den Sprunggelenken; leicht nach oben gekrümmt. **Haar:** hart, Deckhaar 3-5 cm lang, Unterwolle witterungsbeständig. **Farbe:** Grundfarbe Schwarz, mit leuchtend rostroten und reinweißen symmetrisch angeordneten Abzeichen, Rot ist zwischen Schwarz und Weiß; die Abzeichen befinden sich über den Augen, an Brust und Läufen, Rot auch an der Innenseite der Keulen, der Rutenunterseite und an der Innenseite der Ohren; weiß ist eine schmale Blesse am Kopf, gestattet ein schmaler weißer Streifen am Hals, und weiß auch die Rutenspitze und die sog. Socken. **Größe:** Widerristhöhe des Rüden 65-72 cm, der Hündin 60-68 cm.

Herkunftsland: Japan

Dieser Hund von der Insel Hokkaido gilt als der älteste und ursprüng-lichste Vertreter einer ganzen Gruppe japanischer Spitze, wozu wei-tere Rassen wie Akita, Kai, Kishu, Shiba oder Shikoku gehören. Nach den ältesten Bewohnern der Insel, mit denen er offenbar schon am Ende des Altertums vom asiatischen Festland dorthin kam, wird er auch Ainu oder Doh Ken genannt. Die Ainus verwendeten ihn vor allem als Jagd- und Wachhund, natürlich auch zur Hatz auf Bären und anderes Jagdwild. Der Charakter des Haarkleides und weitere Körpermerk-male, insbesondere der kürzere Fang, erinnern an den chinesichen Chow Chow, dessen ältere Erscheinung seinen spitzartigen Verwandt-ten viel näher stand. Verglichen mit den europäischen Spitzen, zeigt er sich von verschlossenerer und zurückhaltenderer Wesensart, zu Hause aber ist er genau so freundlich und verspielt, gleichzeitig jedoch wachsam und erforderlichenfalls nachdrücklich.

Beschreibung: Kopf und Schädel: breiter und flacher Schädel, die Stirnpartie ist breit, der Stop ausgeprägt, mit einer Stirnfurche, der Nasenrücken gerade, die Nase groß. **Augen:** verhältnismäßig klein, fast dreieckig, leicht nach vorn geneigt und fest aufgerichtet, die Enden leicht gerundet. **Zähne:** kräftig, Scherengebiß. **Hals:** kräftig, muskulös und proportional zum Kopf. **Rumpf:** hoher Widerrist, der Rücken gerade und kurz, die Lenden breit und muskulös, der Brustkorb tief. **Gliedmaßen:** die Vorderläufe sind gerade und kräftig, die Ellbogen liegen an; die Oberschenkel der Hinterläufe sind lang, die Unterschenkel kurz, die Sprunggelenke kräftig. **Pfoten:** kräftig, rund und geschlossen, die Ballen stark und elastisch, die Krallen kräftig. **Rute:** hoch angesetzt und kräftig, tüchtig gebogen und über dem Rücken getragen. **Haar:** hart und gerade, die Unterwolle fein und dicht, an der Rute länger befedert. **Farbe:** gestromt (schwarz, rot, weiß usw.), schwarz, rot, braun, weiß und alle anderen Farben. **Größe:** der Rüde ist im Widerrist 48,5-52 cm hoch, die Hündin 45,5 bis 48,5 cm.

Herkunftsland: Deutschland

Der Hovawart oder „Hofhund", ist eine sehr alte Rasse und wird seit dem Mittelalter in der deutschen Literatur erwähnt, so im „Schwabenspiegel" aus der Mitte des 13. Jahrhunderts. Wegen seiner Rolle als Beschützer des Besitztums legte man immer Nachdruck auf seine Eigenschaften und Stärke; zweifellos bilden aber die europäischen Hütehunde die Grundlage seines Blutes. Von deutschen Züchtern wurde er nach Dürers Kupferstich „Ritter, Tod und Teufel" mit Hilfe von Hunden regeneriert, die man in den zwanziger und dreißiger Jahren des 20. Jahrhunderts auf deutschen Bauernhöfen aussuchte. Verwendet wurden auch der Berner Sennenhund, Gordon Setter, Deutsche Schäferhund, Leonberger, Pyrenäen-Berghund, Kuvasz und der Neufundländer. Heute wird er vor allem für Schutzdienste verwendet. Dank seines langen Haarkleides kann er sich ständig außer Haus aufhalten.

Beschreibung: Kopf und Schädel: kräftig, mit breiter gewölbter Stirn und eng anliegender Haut, der Nasenrücken ist gerade und parallel zum Hirnschädel, beide Partien sind ungefähr gleich lang; der Stop ist gering, aber sichtbar, der mächtige Fang verjüngt sich leicht, wirkt jedoch von oben und von der Seite gesehen nicht keilförmig; die Lefzen schließen gut und sind dunkel pigmentiert. **Augen:** rund bis oval, weder tiefliegend noch vortretend, dunkel- bis mittelbraun. **Ohren:** dreieckig und herabhängend, lose anliegend, bedecken die Ohröffnung, liegen weit auseinander, verbreitern optisch den Schädel und reichen bis zum Unterkiefer. **Zähne:** mächtig, vollständiges Scherengebiß, zugelassen auch Zangengebiß. **Hals:** mächtig und mittellang. **Vorderläufe:** gerade und kräftig, mit gut bemuskelten Schultern; die Schulterblätter sind lang und korrekt schräg anliegend, die Arme lang und eng am Körper anliegend, so daß die Ellbogen richtig unter dem Rumpf stehen; die Unterarme sind leicht schräg. **Rumpf:** breit, die Brust tief und kräftig, der Rücken fest, mit leicht abfallender, nicht allzu langer Kruppe. **Hinterläufe:** gut gewinkelt und bemuskelt; die Sprunggelenke sind sehr kräftig und stehen tief. **Pfoten:** geschlossen und gut gewölbt; sofern Afterkrallen auftreten, werden sie entfernt. **Rute:** reicht bis zur Hälfte der Sprunggelenke, aber nicht bis zur Erde; wird je nach Stimmung über dem Rücken oder herabhängend getragen. **Haar:** auffallend schön, leicht gewellt und geschlossen, besonders entwickelt auf Brust, Läufen und Rute. **Farbe:** schwarz mit Brand, schwarz und fahl. **Größe:** die Widerristhöhe des Rüden ist 63-70 cm, die der Hündin 58-65 cm; das Körpergewicht entspricht der Größe des Hundes so, daß die Arbeitsfähigkeiten gewahrt bleiben.

Herkunftsland: Irland

Die ersten Erwähnungen von Jagdhunden, die nach ihrer charakteristischen Art des Vorstehens Setter genannt wurden, stammen aus dem Jahre 1570, als Dr. Johannes Caius sog. „sytting spaniels" beschrieb. Die Abstammung dieser Setter wird tatsächlich von älteren Spaniels abgeleitet, die auf den britischen Inseln schon seit dem 9. Jahrhundert bekannt sind. Auch die Farbe des Irish Setters verweist auf das Herkunftsgebiet. Neben der sattroten Färbung tauchten unter den Settern vom älteren Typ rotweiße Hunde auf, die an ihren Vorläufer, den English Springer Spaniel erinnern. Seit Anfang der neunziger Jahre wird dieser Farbtyp wieder offiziell anerkannt und sogar als selbständige Rasse registriert. Der Irish Setter ist lebhaft, verspielt, leistungsfähig, freundlich und lieb.

Beschreibung: Kopf und Schädel: Kopf lang und trocken; gut ausgeprägtes Hinterhauptbein, Stop markiert, Fang mäßig tief, die Nase ist dunkelmahagoni, dunkelnußbraun oder schwarz. **Augen:** nicht allzu groß, dunkelnußbraun oder dunkelbraun. **Ohren:** mäßig groß und zart, tief und weit hinten angesetzt. **Zähne:** Scherengebiß, zulässig auch Zangengebiß. **Hals:** mäßig lang und sehr muskulös, aber nicht allzu kräftig, leicht gewölbt. **Vorderläufe:** gerade und sehnig, mit guten Knochen. **Rumpf:** proportioniert, Widerrist zart angedeutet, Schulterblätter tief und nach hinten geneigt, Brustkorb möglichst tief, Vorderbrust eher schmal; Lenden muskulös und leicht gewölbt. **Hinterläufe:** lang und bemuskelt, die Knie und Sprunggelenke gut geneigt, von den Sprunggelenken zu den Fersen kurz und kräftig. **Pfoten:** klein und sehr fest, Zehen kräftig, geschlossen, gewölbt. **Rute:** mäßig lang, proportional zur Gesamtgröße, eher tief angesetzt, kräftig an der Wurzel, zur Spitze schmäler werdend. **Haar:** an Kopf, Stirnseite der Läufe und Behangspitzen kurz und fein, an den anderen Teilen von Rumpf und Läufen länger, flach, möglichst ohne Locken und Wellen. **Farbe: Roter Setter:** sattes Kastanienrot mit goldigem Schimmer, Weiß auf Brust, Kehle, Kinn oder Zehen, kleiner weißer Stern auf der Vorderbrust, schmaler Streifen oder Blesse auf der Nase oder im Gesicht ist nicht disqualifizierend; **Rotweißer Setter:** Grundfarbe Weiß, Rot muß gut abgegrenzt sein; zulässig ist nur Punktierung oder Scheckung (roan) in der Gesichtspartie, an Pfoten, Vorderläufen bis zum Ellbogen und Hinterläufen bis zu den Sprunggelenken. **Größe:** der Standard gibt nur beim Rotweißen Setter eine Widerristhöhe des Rüden von 62-66 cm und der Hündin von 57-61 cm an.

Herkunftsland: Irland

Der Irish Terrier ist zu Beginn des 19. Jahrhunderts in der Gegend von Cork in Irland durch Kreuzung der Terrier älteren Typs mit dem altenglischen Black and Tan Terrier und sogar mit dem Irish Wolfhound entstanden. Wahrscheinlich ist auch ein Einfluß des Welsh Terrier und des Airedale Terrier. Ursprünglich war er auch gelb und gestromt, was der Kreuzung mit dem englischen Bulldog zugeschrieben wird. Dieser vererbte ihm offenbar die Courage, die sich in seiner lokalen Benennung Daredevil (Teufelskerl) oder „roter Teufel aus Irland" widerspiegelt. Unersetzbar war er bei der Jagd auf Ratten und Wildkaninchen, auch Füchsen, Dachsen und Fischottern. Seine Vielseitigkeit bewies er auch im Zweiten Weltkrieg im Gesundheitsdienst der Armee. Auf einer Ausstellung erschien er erstmals 1873. Er ist lebhaft bis scharf, zu Hause verspielt und freundlich.

Beschreibung: Kopf und Schädel: lang, Gehirnschädel flach, zwischen den Ohren eher schmal, mit sanfter Verjüngung zu den Augen hin; leicht markiert, Fang mäßig lang. **Augen:** klein, voller Leben, funkelnd und mit intelligentem Ausdruck, dunkel. **Ohren:** klein, V-förmig, mittelstark, nach vorn gekippt den Backen anliegend. **Zähne:** kräftig, weiß, Scherengebiß. **Hals:** eher lang, verbreitert sich zu den Schultern, gut getragen. **Vorderläufe:** ziemlich lang, gerade, muskulös, Ellbogen frei beweglich, der Mittelfuß kurz und gerade. **Rumpf:** tiefer und bemuskelter Brustkorb, Schultern edel geformt, Schulterblätter lang und nach hinten gestellt, der Rumpf symmetrisch, Rücken kräftig, gerade; Lenden muskulös, sanft gewölbt, Rippen elastisch, eher tief als rundlich, nach hinten gelegt. **Hinterläufe:** kräftig, gut bemuskelt, mit mächtigen Keulen, Sprunggelenke niedrig, Knie gut gewinkelt. **Pfoten:** kräftig, eher gerundet, nicht allzu groß, Zehen gewölbt, Krallen schwarz. **Rute:** hoch angesetzt, lustig getragen, doch nie über den Rücken gebogen, ziemlich kräftig und bemuskelt. **Haar:** dicht, harsch, wie gebrochen, aber anliegend; in der Gesichtspartie wie auf dem Körper etwa 6 mm lang, an den Ohren kürzer und dunkler, an den Halsseiten wellt es sich leicht bis zum Ohransatz, Rute gut befedert, darf keine Bürste bilden oder gewellt sein, an den Läufen etwas kürzeres Haar als sonst am Körper. **Farbe:** ganzfarbig, erwünscht Hellrot, Farbe von reifem Weizen oder Gelbrot; an Brust und Pfoten kommen weiße Abzeichen vor. **Größe:** Widerristhöhe des Rüden ist etwa 55 cm, Körpergewicht in Ausstellungskondition beim Rüden 12 kg, bei der Hündin 11 kg.

Herkunftsland: Irland

Im 11. Jahrhundert gab es in Südirland, im Tal des Shannon-Flusses, als Shannon-Spaniels bekannte irische Wasserspaniels, und zwar Rat-Tail Spaniels (d.h. mit „Rattenschwanz") und Whip-Tail Spaniels (mit einem Schwanz kahl wie eine „Peitsche"). Zweifellos handelte es sich um die Vorläufer des heutigen Irish Water Spaniel und gleichzeitig um die Nachkömmlinge des portugiesischen Wasserspaniels (Cao de Agua), den keltische Siedler schon einige Jahrhunderte früher dorthin gebracht hatten. Trotz seiner Spezialisierung für Wasserarbeiten und seiner unendlichen Liebe zum Wasser wird der Irish Water Spaniel heute in vielen Ländern Europas als vielseitiger Jagdhund verwendet, und wer Ungestüm, Temperament und lustige Stückchen gern hat, dem kann er auch ein prachtiger Kamerad sein.

Beschreibung: Kopf und Schädel: Schädel und Fang sind mäßig groß, der Schädel hoch gewölbt, der Fang ist lang, kräftig und eher eckig, mit allmählichem Stop; die Nase ist groß, gut entwickelt und dunkel leberfarben. **Augen:** verhältnismäßig klein, dunkel bernsteinfarben oder dunkel haselnußbraun, mit sehr intelligentem Ausdruck. **Ohren:** sehr lang und lappenförmig, tief angesetzt, eng an den Backen herabhängend und von langen gedrehten Locken bedeckt. **Hals:** ziemlich lang, kräftig und gewölbt, fest in den Schultern sitzend, hinten und an den Seiten von Locken bedeckt wie am Körper; die Kehle ist glatt. **Vorderläufe:** gerade, mit guten Knochen, die Schulterblätter gut gestellt. **Rumpf:** mäßig groß, der Rücken kurz, gerade und fest mit der Beckenpartie verbunden; die Lenden breit und tief, der Rumpf hat ein faßförmiges Aussehen; der Brustkorb ist tief, aber nicht allzu breit oder rund zwischen den Vorderläufen. **Hinterläufe:** sehr kräftig, mit langen, gut geneigten Unterschenkeln und tiefen Sprunggelenken. **Pfoten:** groß, eher rund und sich verbreiternd, über und zwischen den Zehen gut behaart. **Rute:** kurz, gerade, stark an der Wurzel (dort in einer Länge von 8-10 cm mit kurzen Locken bedeckt) und sich allmählich zu einer feinen Spitze verjüngend; reicht nicht bis zu den Sprunggelenken, wird gerade getragen, fast in Rückenhöhe. **Haar:** gebildet aus dichten, festen Locken, die natürlich fettig sind; die Vorderläufe sind rundum reich befedert, vorn kürzer und harscher, unter den Sprunggelenken und an den Hinterläufen ist das Haar glatt. **Farbe:** sehr sattes Leberbraun; Weiß an der Brust ist ein Mangel. **Größe:** die Widerristhöhe des Rüden ist 21-23 Zoll (53-58 cm), die der Hündin 20-22 Zoll (51-56 cm).

IRISH WOLFHOUND

Herkunftsland: Irland

Der Irische Wolfshund ist die größte aller bekannten Hunderassen, und so ist nicht verwunderlich, daß ihn alle voller Staunen ansahen, als er im Verlaufe von Kriegszügen im Jahre 393 nach Rom kam. In Irland verwendete man ihn nicht nur zur Wolfsjagd, sondern für die Hatz auf Hirsch und Sau. In Rom betrat er neben den Molossern die Kampfarenen. Nicht nur in England und Irland gehörte er zum Herrschaftshof; eine Vielzahl Gemälde von Renaissance- und Barockkünstlern beweist, daß ihn zur Jagd auf Bären und anderes Raubwild auch der Kontinentaladel benutzte. Dennoch befand sich diese imposante Rasse sozusagen vor ihrem Aussterben und wurde nur durch die Bemühungen von Captain Graham Ende des 19. Jahrhunderts regeneriert. Trotz seiner Riesenhaftigkeit ist er ein ruhiger und ausgeglichener Gefährte, mit begreiflichen Ansprüchen allerdings auf Raum und Bewegung.

Beschreibung: Kopf und Schädel: der Kopf ist lang, mit leicht gewölbtem Stirnbein, der Stop sehr klein, der Schädel nicht allzu breit, der Fang lang und leicht zugespitzt. **Augen:** dunkel. **Ohren:** klein und ähnlich wie beim Greyhound getragen. **Zähne:** Scherengebiß, Zangengebiß ist zulässig. **Hals:** ziemlich lang, sehr kräftig und muskulös, gut gewölbt, ohne Wamme oder lose Haut. **Vorderläufe:** gut gestellte Ellbogen, weder ein- noch auswärts gedreht; die Unterarme sind muskulös, alle Läufe kräftig und ganz gerade. **Rumpf:** tiefe, breite Brust, von den muskulösen Schultern noch verbreitert, die Schulterblätter sind geneigt, der Rücken eher lang, die Lenden gewölbt, der Bauch gut aufgezogen. **Hinterläufe:** muskulöse Keulen, die Unterschenkel sind kräftig und lang wie beim Greyhound, die Sprunggelenke tief und weder ein- noch auswärts gedreht. **Pfoten:** mäßig lang und rund, weder ein- noch auswärts gedreht, die Zehen richtig gewölbt und geschlossen, die Krallen sehr kräftig. **Rute:** lang und leicht gebogen, mäßig stark und gut befedert. **Haar:** rauh und hart an Rumpf, Läufen und Kopf, besonders harsch, drahtig und lang über den Augen und am Unterkiefer. **Farbe:** grau, gestromt, rot, schwarz, reinweiß, fahl oder jede bekannte Deerhoundfarbe. **Größe:** die Mindest-Widerristhöhe des Rüden ist 31 Zoll (78,74 cm), die der Hündin 28 Zoll (71,12 cm), bei einem Körpergewicht des Rüden von 120 lb (54,43 kg), der Hündin von 90 lb (40,82 kg); die durchschnittliche Widerristhöhe des Rüden ist 32-34 Zoll (81,28-86,36 cm).

Herkunftsland: Island (Skandinavien)

Die nordischen Spitze, denen dieser Hütehund zugeordnet wird, verwendete man früher je nach den örtlichen Verhältnissen und Erfordernissen für die Jagd, zum Schlittenziehen oder zur Arbeit bei Schaf- oder Rentierherden. Unter den natürlichen Bedingungen des „Eislandes", wo der Islandsk Fårehond nur wenig jagdliche Gelegenheiten bei einem seltenen Zusammentreffen mit einem Fuchs oder Bär hatte, wo aber die Schafzucht entwickelt war und ist, arbeitete er wie der schwedische Vallhund oder der finnische Lapinporokoira vorwiegend bei Herden. Er hat einen lebhaften, freundlichen Charakter, gleichsam immer lächelnd und zufrieden, dabei aber mutig, ausdauernd, arbeitsam und außerordentlich beweglich. Bekannt ist er in zwei Varietäten der Haarlänge – mittellang und langer, in beiden Fällen jedoch kräftig und widerstandsfähig gegenüber den Unbilden des rauhen isländischen Klimas.

Beschreibung: Kopf und Schädel: breit zwischen den Ohren, der Schädel etwas gewölbt, der Stop klar ausgeprägt, die Backen flach, der Fang eher kurz und zur Nase hin, die gut entwickelte Nüstern hat, schmäler werdend. **Augen:** mittelgroß, mandelförmig und dunkel gefärbt, mit Ausnahme der hellen Hunde; der Ausdruck ist lebhaft, intelligent und furchtlos. **Ohren:** hoch aufgerichtet, dreieckig, breit im Ansatz und sehr beweglich. **Zähne:** Scherengebiß. **Hals:** mittellang, kräftig, gewölbt und trocken. **Rumpf:** rechteckig und kräftig, aber nicht grob, der Brustkorb tief, die Rippen sehr elastisch, die Kruppe kurz und gerundet. **Gliedmaßen:** die vorderen Läufe sind gerade, muskulös und trocken, die hinteren ebenfalls kräftig, bemuskelt und gut gewinkelt für eine freie und ausgiebige Bewegung. **Pfoten:** oval, mit geschlossenen Zehen und gut entwickelten Ballen. **Rute:** hoch angesetzt, schön gekrümmt und stark befedert. **Haar:** mittellang: mit kräftiger und feiner Unterwolle, kurz an Ohren und Vorderseite der Läufe, länger an Hals, Brust, Widerrist, Kruppe und Rute; lang: ebenfalls mit kräftiger Unterwolle, an Kopf und Vorderseite der Läufe kurz, am übrigen Körper lang. **Farbe:** alle Farben sind gestattet, eine dominierende wird bevorzugt; es kommen eine weiße Blesse und weiße Abzeichen an Brust, Rutenspitze, Läufen und Zehen vor. **Größe:** Widerristhöhe des Rüden 42-48 cm, der Hündin 38-44 cm. Körperlänge ein wenig größer als die Widerristhöhe.

Herkunftsland: Finnland

Seinem Namen nach – Karelischer Bärenhund – scheint er ein Jagdspezialist zu sein. Wie die anderen nordischen Spitze ist es jedoch eine weitaus vielseitigere Rasse, die zwar wirklich auch Bären stellt, sich aber ebenso gut bewährt bei der Jagd auf Federwild oder Elche, bei der Arbeit mit einer Herde, im Bedarfsfall auch als Schlittenhund. Seine Heimat ist Karelien, das sich zwischen dem Weißen Meer, dem Onega- und Ladogasee erstreckt, ein Land der Tierherden. Sein Pendant auf dem benachbarten Territorium Rußlands ist der Karelo- oder Russisch-finnische Laika, in Skandinavien der Norwegische und Schwedische Elchhund. Auch außerhalb seines Herkunftslandes wird er als Jagdhund verwendet, vor allem für Wassergeflügel, immer mehr dominiert aber seine Stellung als Begleithund, der sich durch ein gewisses Maß an Reserviertheit und Wachsamkeit gegenüber einer ungewohnten Umgebung und unbekannten Menschen auszeichnet.

Beschreibung: Kopf und Schädel: stumpf keilförmig, breiter in der Stirnpartie und an den Backen; die Stirn ist leicht gewölbt, der Stop zart angedeutet, der Fang hoch und gerade, verjüngt sich leicht zur Nase hin, die schwarz und gut entwickelt ist. **Augen:** eher klein und braun, mit lebhaftem bis feurigem Ausdruck. **Ohren:** aufgerichtet, leicht nach außen zeigend, mittelgroß und an den Spitzen gerundet. **Hals:** muskulös, mittelgroß, gewölbt und stark behaart. **Rumpf:** kompakt, der Rücken gut bemuskelt und hübsch abfallend, der Brustkorb geräumig, der Bauch leicht aufgezogen. **Vorderläufe:** gerade, der Mittelfuß nur leicht geneigt. **Hinterläufe:** die Knie zeigen direkt nach vorn, die Sprunggelenke nach hinten, die Keulen wirken breit, vor allem wegen der wetterfesten Befederung. **Pfoten:** kräftig, hoch und rundlich. **Rute:** mittellang, in der Regel geringelt, wobei eine völlige Ringelung höchst erwünscht ist. **Haar:** das Deckhaar ist gerade und abstehend, die Unterwolle fein und dicht, an Hals, Rücken und Keulenrückseite länger. **Farbe:** schwarz, am besten leicht bräunlich oder matt, meist mit weißen Abzeichen oder Flecken an Kopf, Hals, Brust, Bauch und Läufen. **Größe:** die Widerristhöhe des Rüden ist 54-60 cm, die der Hündin 49-55 cm.

Herkunftsland: Irland

Der gewinnende blaue Kavalier kommt aus der Grafschaft Kerry im Südwesten Irlands. Terrier mit einem ähnlichen Haarkleid – seltener allerdings in dieser besonderen bläulichen Färbung – hatte es in dieser Gegend schon lange zuvor gegeben, als der Kerry 1913 erstmals auf einer Ausstellung in der Stadt Cork zu sehen war. Seine nächsten Verwandten sind der Irish Terrier, der Irish Glen of Imaal Terrier, der Bedlington Terrier und vor allem der Irish Soft-Coated Wheaten Terrier, der noch vor etwa zweihundert Jahren ebenfalls graublau gefärbt war. Ursprünglich war der Kerry ein rein ländlicher, hauptsächlich von Bauern allseitig eingesetzter Hund, und zwar sowohl in der Landwirtschaft als auch im Wald. Heute ist dieses elegante Tier sozusagen ausschließlich Begleithund mit einer dementsprechend aufwendigen Schur und Haarpflege.

Beschreibung: Kopf und Schädel: kräftig und gut ausgewogen, reich behaart, der Stop nur leicht angedeutet, die Gesichtspartie mittellang, die Kiefer kräftig und muskulös, die Nase schwarz, mit breiten und gut markierten Nüstern. **Augen:** dunkel oder dunkel nußbraun, mittelgroß und richtig liegend. **Ohren:** dünn, nicht allzu groß, nach vorn oder gegen die Kopfseiten gekippt. **Zähne:** groß und weiß, Zangengebiß. **Hals:** proportioniert, gut angesetzt und mäßig lang. **Vorderläufe:** gerade, mit guten Knochen. **Rumpf:** der Rücken ist mittellang und gerade, der Brustkorb tief und genügend breit, die Rippen sind gut gewölbt. **Hinterläufe:** gut gewinkelt, die Keulen muskulös, gut entwickelt. **Pfoten:** geschlossen, die Ballen kräftig und gerundet, die Krallen schwarz. **Rute:** dünn, gut angesetzt, aufrecht und fröhlich getragen. **Haar:** weich, reich und wellig. **Farbe:** blau jeder Schattierung, mit oder ohne schwarze Spitzen; eine ganz schwarze Färbung ist nur bei Tieren bis 18 Monate zulässig, ebenso wie ein Schimmer ins Lohfarbene (tan). **Größe:** die Widerristhöhe des Rüden ist 18-19 $\frac{1}{2}$ Zoll (45,5-49,5 cm), die der Hündin 17$\frac{1}{2}$-19 Zoll (44,5-48 cm); das Körpergewicht eines voll entwickelten Rüden beträgt 33-40 lb (15-18 kg), das der Hündin etwas weniger.

KING CHARLES SPANIEL

Herkunftsland: Großbritannien

Diese kleinen Gesellschaftshunde, die von echten jagdlichen Spaniels, Stöberhunden und Spezialisten für Wasserarbeiten abstammen, verdanken ihren Namen der außerordentlichen Gunst, die ihnen der englische König Charles II. (reigerte 1660-1685) zukommen ließ. Hunde dieses Typs sind aber auch auf verschiedenen Bildern europäischer Meister schon einige Jahrhunderte früher dargestellt worden. Beide englischen oder Insel-Spaniels sind zweifellos eng mit den kontinentalen Zwergspaniels verwandt, die unter dem Namen Papillon (Schmetterlingshündchen) bekannt sind. Sie alle stammen offenbar aus dem Mittelmeerraum, und noch im 19. Jahrhundert war es sozusagen unmöglich, von selbständigen, äußerlich sich markanter unterscheidenden Rassen zu sprechen. Es handelt sich um temperamentvolle, aufgeregte, muntere und lebhafte Kleinhunde, die liebe Spielgefährten sind, aber auch aufmerksame und mutige Wächter.

Beschreibung: Kopf und Schädel: groß im Verhältnis zur Gesamtgröße, gut gewölbt, voll um die Augen; Nase schwarz, mit großen, gut geöffneten Nüstern, sehr kurz und zum Schädel hin gedreht; Stop sehr gut gekennzeichnet, Fang eckig, breit, tief, nach oben gedreht, Unterkiefer breit. **Augen:** groß, dunkel, weit auseinanderstehend, mit freudigem Ausdruck. **Ohren:** tief angesetzt, hängen flach an den Backen, sehr lang, gut behaart. **Zähne:** können mit leichtem Vorbiß sein. **Hals:** mittellang, so gewölbt, daß er den Kopf stolz trägt. **Vorderläufe:** kurz und gerade, Schulterblätter nach hinten gestellt, die Ellbogen liegen dem Brustkorb an. **Rumpf:** breiter, tiefer Brustkorb, Rücken kurz und gerade. **Hinterläufe:** bemuskelt, Knie geneigt, Sprunggelenke niedrig, ausgeprägt; von hinten gerade. **Pfoten:** kompakt, mit guten Ballen, stark behaart, mit gut gewölbten Zehen, rund. **Rute:** gut befedert, nie über der Rückenlinie getragen. **Haar:** lang, seidig, gerade, kann leicht gewellt sein. Gliedmaßen, Ohren und Rute dichter befedert. **Farbe:** black and tan: sattglänzendes Schwarz mit hellmahagonilohfarbenen Abzeichen an Fang, Läufen, Brust, Ohren und unter der Rute, Flecken über den Augen; weiße Flecke unerwünscht; tricolour: Grundfarbe perlweiß, mit schwarzen Platten und lohfarbenen Abzeichen an Backen, Ohren, unter der Rute und Flecken über den Augen; zwischen den Augen eine breite weiße Blesse zur Stirn; Blenheim: Grundfarbe perlweiß, mit kastanienroten Platten; zur Kopfmitte hin zieht sich eine reinweiße breite Blesse, und mitten am Schädel ein münzengroßes Abzeichen in Kastanienrot; ruby: einfarbig kastanienrot. **Größe:** Körpergewicht 8-14 lb (3,6-6,3 kg).

Herkunftsland: Deutschland

Die Geschichte dieser Rasse begann während des Zweiten Weltkrieges. Eine Gruppe amerikanischer Soldaten brachte bei ihrem Vormarsch in die deutsche Stadt Siegen einen Hund aus Frankreich mit, von dem nicht feststeht, ob er ein Griffon fauve de Bretagne oder ein Grand Basset griffon vendéen war. Sicher aber ist, daß sie ihn bei ihrer Quartierfrau zurückließen, die ihn mit einer rauhaarigen Foxterrierhündin paaren ließ. Die Welpen waren so reizend, daß man die Kreuzung wiederholte, und bereits 1955 – also ungewöhnlich bald – wurde die neue Rasse anerkannt, die man nach dem dortigen Dörfchen Kromfohrländer nannte. Auf größeren Ausstellungen begann er in den achtziger Jahren zu erscheinen, und seitdem steigt auch seine Beliebtheit als idealer Hund für Stadt und Land. Der Kromfohrländer ist ein lieber, lebhafter, aufgeweckter Hund, weniger scharf als ein Terrier, aber dennoch mutig und aktiv.

Beschreibung: Kopf und Schädel: am Hirnschädel leicht gerundet, mit angedeuteter Stirnfurche; Stop gut markiert, Nase mittelgroß, bevorzugt schwarz. **Augen:** dunkelbraun, zulässig auch hellbraune; etwas schräg stehend. **Ohren:** hoch angesetzt, dreieckig, an den Spitzen gerundet, mit dem Vorderrand dem Kopf anliegend. **Zähne:** Scherengebiß, zulässig auch Zangengebiß. **Hals:** leicht gewölbt, mittellang, kräftig. **Vorderläufe:** gerade und parallel, Unterarme etwas länger als Schultern, kräftig. **Rumpf:** länger als hoch, Rücken kräftig, Lenden eher schmal, aber gut entwickelt, Kruppe fast gerade und bemuskelt, Brustkorb breiter und tief, Rippen leicht gewölbt, Bauch aufgezogen. **Hinterläufe:** gerade und senkrecht, Keulen gut bemuskelt. Die Gelenke der Hinterläufe schließen einen stumpfen Winkel ein. **Pfoten:** leicht gerundet, mit geschlossenen Zehen und starken Ballen; Krallen kräftig, zulässig auch hell gefärbte. **Rute:** mittellang, in leichtem Bogen getragen, kann auch geringelt sein; gut befedert. **Haar:** grob und glatt. **Grobes Haar:** kurz bis mittellang (ca. 3-7 cm), dicht, rauh, Deckhaar an Rücken und Läufen härter als an den Flanken, am Unterkiefer länger, wünschenswert ist ein Bart. **Glattes Haar:** am Rücken 3-7 cm lang, kann an Halsunterseite und Brust länger sein; die Ohren glatt befedert, an der Rute eine Fahne, Fransen sind auch an der Unterseite der Läufe; am Körper liegt das Haar fest und flach. **Farbe:** Grundfarbe Weiß, mit hell- bis dunkelbraunen Abzeichen verschiedener Größe oder in Form eines Sattels; am Kopf sind Abzeichen dieser Färbung an den Backen, über den Augen und Ohren, symmetrisch geteilt durch eine weiße Blesse, die bis auf die Stirn oder bis zum Hals reicht. **Größe:** Widerristhöhe 38-46 cm, Körpergewicht 10-14 kg.

Herkunftsland: Großbritannien

Der Labrador Retriever wurde aus dem kanadischen Neufundland, wo man ihn als vorzüglichen Helfer der Fischer auf dem Lande wie im Wasser verwendete – er ist ein ausgezeichneter Schwimmer und Apportierer –, nach Europa zurückgebracht, genauer gesagt nach England. Die neuzeitliche Zucht ist mit Graf Melmesbury verknüpft, der ihm angeblich den heutigen Namen gab. Bei der Zucht wurde offenbar – wie bei seinem nächsten Verwandten, dem Neufundländer – auch der Pointer eingekreuzt. Die erste Eintragung im englischen Stammbuch ist aus dem Jahre 1870. Außer seinen jagdlichen Fähigkeiten zur Arbeit im Wasser, im Wald und auf dem Feld wird der Labrador Retriever gegenwärtig als Drogenfahnder eingesetzt, als verläßlicher Blindenführer und für immer mehr Hundefreunde auch als vollendeter freundlicher, liebenswürdiger und ruhiger Gesellschafter.

Beschreibung: Kopf und Schädel: breiter Schädel mit ausgeprägtem Stop, der Kopf sauber geformt, ohne fleischige Backen; die Kiefer sind mittellang, kräftig und nicht zugespitzt, die Nase breit, die Nüstern gut entwickelt. **Augen:** mittelgroß und braun oder nußfarben, drücken Intelligenz und gute Laune aus. **Ohren:** nicht allzu groß oder schwer, herabhängend und am Kopf anliegend, mehr hinten angesetzt. **Zähne:** kräftig, mit perfektem, regelmäßigem und vollständigem Scherengebiß. **Hals:** trocken, mächtig und kraftvoll, gut in den Schultern sitzend. **Vorderläufe:** lange und geneigte Schulterblätter, die Läufe mit guten Knochen und von jeder Seite aus gesehen gerade von den Ellbogen abwärts. **Rumpf:** der Brustkorb ist genügend breit und tief, mit gewölbten und elastischen Rippen, der Rücken gerade, die Lenden breit, kurz aufgezogen und kräftig. **Hinterläufe:** sehr bewegliche Knie und tiefe Sprunggelenke, wobei die sog. Kuhstellung höchst unerwünscht ist. **Pfoten:** rundlich und geschlossen, die Zehen gewölbt, die Ballen gut entwickelt. **Rute:** sehr kräftig am Ansatz, verjüngt sich allmählich zur Spitze hin, mittellang und ohne Fransen, aber rundherum kurz, kräftig und dicht befedert, was ihr ein rundliches Aussehen gibt und an einen sog. Otternschwanz erinnert; kann fröhlich getragen werden, doch nie über den Rücken geringelt. **Haar:** kurz, ohne Wellen und Fransen, im Griff relativ hart, die Unterwolle wasserfest. **Farbe:** einfarbig schwarz, gelb oder leber-schokoladenbraun; das Gelb bewegt sich von hell Cremefarben bis Fuchsrot; kleine weiße Flecke an der Brust sind gestattet. **Größe:** die ideale Widerristhöhe des Rüden ist 22-22,5 Zoll (56-57 cm), die der Hündin 21 21,5 Zoll (54-56 cm).

Herkunftsland: Großbritannien

Der Lakeland Terrier stammt aus dem Lake District, einer Seenlandschaft der englischen Grafschaften Westmorland, Lancashire und Cumberland, wo die örtlichen Terrier hauptsächlich zur Otternjagd eingesetzt wurden, aber auch zum Verfolgen von Füchsen auf schwierigem steinigem Gelände. Deshalb nannte man ihn auch Fel Terrier oder Patterdale Terrier nach einem Dorf in dieser Gegend. Er mußte genügend kräftig, flink und gewandt sowie zäh und widerstandsfähig gegenüber den rauhen klimatischen Bedingungen sein und außerdem so schnell wie die Laufhunde, in deren Meute er arbeitete. Das alles bestimmte seine Erscheinung, die ihn von den anderen Terriern durch längere Läufe, einen schmäleren Brustkorb und dichtes, harsches Fell unterscheidet. Als selbständige Rasse wurde er erstmals 1849 erwähnt, als seine Zucht begann, jedoch erst 1931 anerkannt. Er wird wegen seiner jagdlichen Fähigkeiten verwendet.

Beschreibung: Kopf und Schädel: der Kopf ist gut ausgewogen, der Schädel flach, nicht grob; die Kiefer sind kräftig, der Fang breit, doch nicht allzu lang; die Nase ist schwarz, mit Ausnahme der leberfarbenen Hunde, die eine Nase gleicher Farbe haben können. **Augen:** dunkel oder nußbraun; schräge Augen sind unerwünscht. **Ohren:** mäßig klein, V-förmig, wachsam und lebhaft getragen, weder zu hoch noch zu tief am Kopf angesetzt. **Zähne:** gerade, mit perfektem Scherengebiß. **Hals:** straff, leicht gewölbt und ohne Wamme. **Vorderläufe:** gerade, mit guten Knochen. **Rumpf:** mäßig schmaler Brustkorb, der Rücken ist kräftig, mäßig kurz und gut aufgezogen. **Hinterläufe:** kräftig und muskulös, die Oberschenkel lang und kräftig, mit gut gewinkelten Knien, die Sprunggelenke sind tief und gerade. **Pfoten:** klein, geschlossen und rundlich, mit guten Ballen. **Rute:** richtig hoch angesetzt, wird gewöhnlich kupiert und fröhlich getragen, aber nicht über dem Rücken. Haar: dicht, harsch und witterungsbeständig, mit guter Unterwolle. **Farbe:** schwarz mit lohfarbenen Abzeichen (black and tan), blau mit lohfarbenen Abzeichen, rot, weizenfarben, rotgrau, leberbraun, blau oder schwarz; kleine weiße Flecke an Pfoten und Brustkorb sind unerwünscht, aber zulässig; mahagoni oder dunkel lohfarben ist untypisch. **Größe:** die Widerristhöhe übersteigt nicht 14 1/2 Zoll (37 cm), das Körpergewicht des Rüden beträgt 17 lb (7,7 kg), das der Hündin 15 lb (6,8 kg).

Herkunftsland: Deutschland

Leonberg liegt in Baden-Württemberg und hat im Wappen einen Löwen. Das offenbar veranlaßte in den vierziger Jahren des 19. Jahrhunderts einen der Stadträte, Heinrich Essig, die Schaffung einer Hunderasse zu versuchen, die in ihrer Erscheinung einem Löwen möglichst ähnelte. Als Grundlage dienten ihm die Abkömmlinge zweier Hunde vom Typ eines Neufundländers und Landseers, ein Bernhardiner und offenbar große Hirtenhunde vom Typ eines Pyrenänen-Berghundes. Das Ergebnis dieser Kreuzungen war so imposant, daß noch zu Essigs Lebzeiten die neue Rasse – der Leonberger – auch an den kaiserlichen Hof kam. Ein gut erzogener Leonberger ist ruhig und bedächtig, ohne Zeichen von Aggressivität gegenüber der Umgebung, erforderlichenfalls aber ein nachdrucklicher und mutiger Wächter. Von seinen Vorfahren hat er die Liebe zum Wasser geerbt und Widerstandsfähigkeit gegenüber den Unbilden der Witterung.

Beschreibung: Kopf und Schädel: Hirnschädel sanft gewölbt, Kopf vorn und hinten ungefähr gleich breit, Stop gering, Nasenrücken gleichmäßig breit, eher leicht gewölbt (Ramsnase); Nase und Lefzen tiefschwarz. **Augen:** hell- bis dunkelbraun, mittelgroß, mit ruhigem, gutmütigem Ausruck. **Ohren:** hoch angesetzt, glatt am Kopf anliegend und herabhängend. **Zähne:** sehr kräftig, Gebiß gut geschlossen, vollständiges Scherengebiß. **Hals:** kräftig und vornehm. **Vorderläufe:** gerade, gut befedert; die Ellbogen liegen gut an und reichen teilweise über den Unterrand des Brustkorbs hinaus, Schulterblätter schräggestellt. **Rumpf:** etwas länger als Widerristhöhe; Lendenpartie kräftig, Brustkorb tief, **Hinterläufe:** mächtig bemuskelte Keulen, ausgeprägte, gut gewinkelte Sprunggelenke; O- oder X-förmige Läufe sind ein grober Mangel; die Afterkrallen müssen in den ersten 14 Tagen schmerzlos beseitigt werden. **Pfoten:** geschlossen, eher gerundet; Zehen meist durch Schwimmhäute miteinander verbunden, Ballen schwarz. **Rute:** reich befedert, halb herabhängend, nie allzu hoch oder gar über den Rücken gebogen. **Haar:** mittelweich bis derb, genügend lang, anliegend, nie gescheitelt, läßt trotz guter Unterwolle den Körperbau erkennen; Haar gerade; an Hals und Brust bildet es eine Mähne. **Farbe:** Löwenfärbung, gold- bis rotbraun, mit schwarzer Maske; Fehlen einer dunklen Maske ist erlaubt, aber unerwünscht. **Größe:** Widerristhöhe des Rüden 76 cm (mindestens 72 cm, höchstens 80 cm), der Hündin 70 cm (mindestens 65 cm, höchstens 75 cm).

Herkunftsland: Tibet

Apso bedeutet in der Sprache der Tibetaner Hund, Lhasa Apso ist also der „Hund aus Lhasa". Ursprünglich nannte man ihn Apso Sent-Kte, was angeblich „Bellender Löwenwachhund" heißt. Als die Europäer diese seltsamen, reich behaarten Hunde zum erstenmal zu Gesicht bekamen, dienten sie tatsächlich als Klosterwächter im Sitz des Dalai-Lama. Ursprünglich waren es aber Hütehunde und nahe mit Rassen verwandt, die heute als Tibetan Terrier und Shih-Tzu bekannt sind. Auch wenn sie nach ihrer Ankunft in Europa nach 1928 ausschließlich zu einer Begleit- bis Luxushunderasse geworden sind, verleugnen sie im Temperament und in den typischen Äußerungen eines Hütehundes doch nicht ihre Herkunft. Der Lhasa Apso ist ungewöhnlich verspielt, freundlich und kameradschaftlich zu Kindern und geeignet für eine Haltung im Hause wie auch draußen, immer aber mit hohen Ansprüchen an ein regelmäßiges Auskämmen des langen Haarkleides.

Beschreibung: Kopf und Schäadel: der Kopf zeigt ein ausdrucksvolles Haar, das über die Augen fällt, auch der Schnurr- und Kinnbart ist gut entwickelt; der eher schmale Schädel fällt hinter (über) den Augen ab und ist nicht ganz flach, aber auch nicht gewölbt oder apfelförmig; die Stirn ist gerade, der Stop mittelmäßig ausgeprägt, die Nase schwarz und der Fang 4 cm lang, aber nicht quadratisch; die Entfernung von der Nasenspitze zu den Augen beträgt ungefähr ein Drittel der Gesamtlänge des Kopfes. **Augen:** dunkel, mittelgroß und oval, weder hervortretend noch tiefliegend. **Ohren:** herabhängend und reich behaart. **Zähne:** Zangengebiß oder leichter Vorbiß. **Hals:** kräftig und gut gewölbt. **Vorderläufe:** gerade und gut befedert. **Rumpf:** länger als die Widerristhöhe, kompakt und gut ausgewogen, der Rücken gerade, die Lenden kräftig. **Hinterläufe:** gut gewinkelt, muskulös und stark befedert, von hinten gesehen parallel. **Pfoten:** rund und katzenartig, mit gut entwickelten, starken Ballen und guter Befederung. **Rute:** hoch angesetzt, gut über der Kruppe getragen, kann an der Spitze eine Schleife haben und ist reich befedert. **Haar:** lang, gerade und schwer, weder wollig noch seidig, mit Unterwolle. **Farbe:** gold-, sand-, honigfarben, dunkel grizzly (gräulich), schiefergrau, rauchfarben, zweifarbig schwarz, weiß oder braun. **Größe:** die ideale Widerristhöhe des Rüden ist 25,4 cm, die Hündin ist ein wenig kleiner.

Herkunftsland: Mittleres Mittelmeer (Italien)

Im Mittelmeerraum, wo die Insel Malta liegt, aber auch die Stadt Melite auf Sizilien, war dieser unverwechselbare weiße, langhaarige Zwerghund zweifellos schon im ersten Jahrhundert v. Chr. bekannt, was außer Strabons Schriften auch viele Darstellungen auf antiken Vasen und Gefäßen beweisen. Es besteht nämlich insgesamt kaum ein Zweifel darüber, daß der Malteser mit der Ausbreitung der griechischen Kultur ins Mittelmeergebiet gelangte und sein Ursprung zu den Hütehunden aus Asien zurückreicht. Seine Verwandten nach Osten zu sind beispielsweise der Lhasa Apso oder der Shih-Tzu, er selbst hat andere Rassen der „westlichen" Bichons beeinflußt, den Bichon à poil frisé und den Bologneser – noch Ende des 18. Jahrhunderts hielt man den Malteser und den Bologneser für eine Rasse. Vom Charakter her ist er freundlich, zärtlich und verspielt, erforderlichenfalls aber auch unerwartet wachsam, mutig und nachdrücklich.

Beschreibung: Kopf und Schädel: Kopf mittellang, Oberlinien des Gehirnschädels und des Nasenrückens parallel; Nase rundlich, ganz schwarz, Nasenrücken gerade, mit extrem langer Behaarung, Hinterhauptbein nur leicht markiert, Stop ausgeprägt. **Augen:** mit sehr lebhaftem, intelligentem Ausdruck, dunkel. **Ohren:** dreieckig und flach anliegend, hoch angesetzt, mit breiter Basis. **Zähne:** weiß, komplett und gut entwickelt, Scherengebiß. **Hals:** etwa so lang wie die halbe Widerristhöhe, sehr reich befedert. **Vorderläufe:** bilden am Schulterblatt mit der Horizontalen einen Winkel von etwa 60-65°, Oberarmknochen schließen im oberen Teil eng an den Rumpf an, Unterarme gerade, senkrecht, kürzer als die Oberarmknochen. **Rumpf:** seine Länge entspricht der Widerristhöhe plus 3 Zoll; Brustkorb geräumig, Lenden sind gut bemuskelt, eine perfekte Verbindung von Rücken und Kruppe, letztere fällt nur leicht ab. **Hinterläufe:** muskulöse, reich befederte Keulen, Knochen ziemlich stark. **Pfoten:** rund, Zehen gewölbt, mit langem Haar bedeckt, auch zwischen den Zehen. **Rute:** in Höhe der Kruppe angesetzt, sehr kräftig an der Wurzel und zart an der Spitze; kann nur einmal geringelt sein; mit sehr langem, reichem Haar bedeckt, das auf eine Seite des Körpers fällt. **Haar:** dicht, glänzend, sehr lang und schwer, seidig in seiner ganzen Länge, gerade; keine Unterwolle. **Farbe:** reinweiß; ein hell elfenbeinfarbener Schimmer gestattet, toleriert wird auch sehr blasses Orange. **Größe:** Widerristhöhe des Rüden 8¼-10 Zoll (20,9-25,4 cm), der Hündin 7¾-9 Zoll (18,3-22,9 cm); das Körpergewicht beträgt 6½-9 lb (2,8-4,08 kg).

MASTIFF

Herkunftsland: Großbritannien

Der Mastiff, einer der größten Hunde der Welt, ist ein Vertreter der großen Familie der mächtigen doggenartigen Rassen, deren Herkunft von der „Urmutter" dieser ganzen Gruppe, der Tibet-Dogge – Do-Khyi – abgeleitet wird. Nach Europa gelangte er offenbar mit den phönizischen Seefahrern, doch schon lange davor war er ein Bestandteil der antiken Welt. Als Kampfhund verwendeten ihn die Assyrer, Perser und Römer, als Gladiator stand er in den Arenen Roms und Englands. Seine nächsten Verwandten auf dem Festland sind der Mastino Napoletano, die Bordeaux-Dogge und der Bernhardiner, in England der jüngere Bullmastiff. Hunde dieses Typs wurden seit dem Mittelalter zur Jagd auf große Raubtiere eingesetzt, vor allem auf Bären, auch in Europa. Der mächtigen Erscheinung entspricht auch der Charakter des Mastiff, der ein selbstbewußter, mutiger, hochintelligenter und unerschrockener Wachhund ist.

Beschreibung: Kopf und Schädel: Schädel ist zwischen den Ohren breit, Stirn flach, bei Aufmerksamkeit faltig, Gesichtspartie und Fang kurz, unter den Augen breit, eckig auslaufend, auch der Unterkiefer breit bis zum Ende; Nase breit, mit weit geöffneten Nüstern und flach. **Augen:** klein, an den Seiten liegend, nußbraun; Stop zwischen den Augen gut markiert. **Ohren:** klein und dünn, auf den höchsten Punkten seitlich am Schädel weit auseinandergesetzt, in der Ruhe den Backen eng und flach anliegend. **Zähne:** mächtig, die Schneidezähne berühren einander, oder die unteren sind vor den oberen, bei geschlossener Schnauze nicht zu sehen. **Hals:** leicht gewölbt, genügend lang, muskulös. **Vorderläufe:** Schulterblätter und Schultern leicht geneigt, schwer, muskulös, Läufe gerade, kräftig, an den Seiten angesetzt, mit mächtigen Knochen, Ellbogen eckig, Mittelfuß senkrecht. **Rumpf:** breiter und tiefer Brustkorb, Rippen gewölbt und gerundet, Fehlrippen tief, nach hinten gelegt; Rücken und Lenden breit, muskulös, flach und sehr breit bei der Hündin, leicht gewölbt beim Rüden. **Hinterläufe:** breit, muskulös, mit gut entwickelten Unterschenkeln, Sprunggelenke geneigt, recht weit voneinander entfernt. **Pfoten:** groß und rund, Zehen gut gewölbt, Krallen schwarz. **Rute:** hoch angesetzt, reicht bis zu den Sprunggelenken oder knapp darunter, breit an der Wurzel, verjüngt sich zum Ende zu, in der Ruhe gerade herabhängend, bei Erregung nach oben gerollt, nie über den Rücken. **Haar:** kurz, eng anliegend, nicht allzu fein an Schultern, Hals und Rücken. **Farbe:** blaß aprikot, silberfahl, fahl oder dunkelfahl gestromt, schwarz sind Fang, Ohren und Nase, Augenrahmen und Partie über und zwichen den Augen. **Größe:** Der Hund ist groß, mächtig, kraftvoll.

Herkunftsland: Italien

Die ersten Tierkämpfe fanden in Rom schon 264 v. Chr. statt. Für dieses erregende Spektakel verwendete man auch große doggenartige Hunde. Auf die Apenninenhalbinsel gelangten sie offenbar in Zusammenhang mit den Kriegszügen der römischen Armee nach Kleinasien. Dort hatte man sog. Molosserdoggen jahrhundertelang als Kriegs- und Jagdhunde benutzt, was auch das bekannte Relief der Königsjagd des Herrschers Assurbanipal aus der Mitte des 7. Jahrhunderts v. Chr. beweist. Den Namen gab dem Mastino Napoletano angeblich der göttliche Dante Alighieri. Hunde dieses Typs kamen jedoch in mehreren Gegenden vor, bekannt war z.B. die Venetianische Dogge – Mastino Venetiano; in Frankreich hat sich bis heute die Bordeaux-Dogge erhalten und in Spanien der Mastin de los Pirineos. Diese Rassen waren relativ selten; einen Aufschwung ihrer Zucht brachten erst die achtziger Jahre des 20. Jahrhunderts.

Beschreibung: Kopf und Schädel: kurz, massiv, breit an den Backen; zahlreiche Falten und Runzeln; Schädel breit, zwischen den Ohren flach, Stirnfurche sichtbar; Hinterhauptbein wenig markiert, Stop ausgeprägt, der Fang massiv, quadratisch; Nase nach dem Haarkleid gefärbt. **Augen:** weit auseinander, ziemlich tiefliegend, fast rund, dunkler als das Fell. **Ohren:** verhältnismäßig klein, dreieckig. **Zähne:** in mächtigen, breiten Kiefern in regelmäßiges, vollständiges Scheren- oder Zangengebiß. **Hals:** kurz, mächtig bemuskelt, konisch, leicht gewölbter Nacken, an der Kehle zwei starke Falten. **Vorderläufe:** fest, gerade, mit mächtigen Knochen, Ellbogen liegen dem Brustkorb nicht eng an, Unterarme senkrecht, muskulös, trocken, gut entwickelt. **Rumpf:** rechteckig, Rücken gerade, Widerrist breit, Lenden muskulös; Brustkorb geräumig, Kruppe breit, mächtig, sehr muskulös. **Hinterläufe:** robust und fest, die Keulen breit, mit mächtigen Muskeln, Sprunggelenke sehr lang, Fußwurzeln fest, trocken. **Pfoten:** rund, voll, mit gewölbten, geschlossenen Zehen und festen, harten Ballen, Krallen stark, gewölbt, dunkel. **Rute:** kräftig, hängt in der Ruhe säbelförmig herab, in Aktion waagerecht getragen. **Haar:** kurz, rauh, hart, gleichmäßig lang, höchstens 1,5 cm, anliegend; Haut dick, lymphatisch, locker am ganzen Körper. **Farbe:** bevorzugt wird Grau, Bleigrau und Schwarz, aber auch Braun, Fahl, Rostrot, manchmal mit kleinen weißen Abzeichen an Vorderbrust und Zehenspitzen; alle Farben können gestromt sein. **Größe:** Widerristhöhe des Rüden 65-75 cm, der Hündin 60-68 cm, Toleranz von 2 cm in beiden Richtungen; Körpergewicht des Rüden 60-70 kg, der Hündin 50-60 kg.

Herkunftsland: Kanada

Der Neufundländer ist als außerordentlich mutiger und guter Schwimmer bekannt. Als aber seine Vorfahren mit französischen, portugiesischen und englischen Kolonisten die Neue Welt betraten, hatten sie es zum Wasser genauso weit wie die gegenwärtigen Pyrenäen-Mastins, Pyrenäen-Berghunde, Bordeaux-Doggen oder Mastiffs. Alle diese Rassen können als Vorfahren der Rasse angesehen werden. Das Blut des portugiesischen Wasserhundes und des altenglischen Water Spaniel stärkte die Beziehung zum Wasser, eingekreuzt wurden auch schwarze Schäferhunde aus Schottland, der Border Collie, der Pointer und der schwarze Großpudel. Aus der gleichen Gegend stammt auch der Labrador Retriever. Der Neufundländer ist ruhig und friedlich, Respekt verschafft er sich schon durch seine imposante Erscheinung. Er liebt das Wasser, in dem sein angeborener Retterinstinkt zum Ausdruck kommt.

Beschreibung: Kopf und Schädel: breit und massig, gut entwickeltes Hinterhauptbein ohne ausgeprägten Stop; Fang kurz, eher eckig, mit kurzem, feinem Haar bedeckt. **Augen:** klein, dunkelbraun, eher tief, ziemlich weit auseinanderliegend, enthüllen nicht die Lidbindehaut. **Ohren:** klein, hinten in Höhe des Hirnschädels angesetzt, eng am Kopf anliegend, mit kurzem Haar ohne Fransen bedeckt. **Zähne:** Scherengebiß, auch Zangengebiß toleriert. **Hals:** kräftig. **Vorderläufe:** vollkommen gerade, gut bemuskelt, Ellbogen tief, liegen dem Körper an. **Rumpf:** tiefe, geräumige Brust, Brustkorb mit gut entwickelten Rippen, Rücken breit und gerade, Lenden kräftig bemuskelt. **Hinterläufe:** sehr gut gebaut; Afterkrallen werden entfernt. **Pfoten:** groß, mit Schwimmhäuten versehen, gut geformt. **Rute:** mäßig lang, fast bis zu den Sprunggelenken reichend, gut befedert, ohne Fahne; hängt im Stehen mit leichter Biegung an der Spitze nach unten, in Bewegung etwas höher getragen; geringelte oder über den Rücken getragene Rute höchst unerwünscht. **Haar:** doppelt, glatt, dicht, harsch, natürlich fettig und wasserabweisend; Vorderläufe gut befedert, das Haar auf der Brust bildet keine Locken; Hinterläufe leichter befedert. **Farbe:** schwarz: sattes Kohlenschwarz, auch bronze Anhauch, Weiß auf Brust, Zehen und Rutenspitze gestattet; braun: schokoladen- oder bronzefarben weiße Flecke wie bei Schwarz erlaubt; Landseer: weiß mit schwarzen Abzeichen, bevorzugt wird schwarzer Kopf mit schmaler weißer Blesse, abgegrenztem Sattel, schwarzer Kruppe und Rute. **Größe:** Widerristhöhe des Rüden 28 Zoll (71 cm), der Hündin 26 Zoll (66 cm); Körpergewicht des Rüden 140 150 lb (64-69 kg), der Hündin 110-120 lb (50-54,5 kg).

Herkunftsland: Großbritannien

Der Norwich Terrier kommt wie der Norfolk Terrier aus dem ostenglischen Norwich in der Grafschaft Norfolk. Sein Ursprung ist eng mit der Universität Cambridge verbunden, wo Charles Lawrence „Doggy" den Studenten kleine rötliche und weizenfarbige Terrier verkaufte. Sie dienten eindeutig der Vernichtung unliebsamer Nagetiere. Auch wenn es sich um englische Terrier handelt, haben sie angesichts der Nähe von Schottland viel gemein mit den Terriern, die später als Border, Cairn, Irish und Scottish Terrier bekannt wurden; verwandt sind auch Glen of Imaal Terrier, Bedlington Terrier und Staffordshire Bull Terrier. Ende des 19. Jahrhunderts arbeitet der Norwich Terrier mit Laufhunden zusammen auch als Jagdhund. Anerkannt wurde er 1932. Heute wird er nicht mehr zur Jagd verwendet, sondern ist ein lieber, freundlicher Begleithund mit echtem Terriertemperament.

Beschreibung: Kopf und Schädel: leicht gerundeter Hirnschädel, breit besonders zwischen den Ohren, der Fang ist kräftig und keilförmig. **Augen:** klein, oval und dunkel gefärbt, der Ausdruck ist munter und wachsam. **Ohren:** aufgerichtet, mäßig hoch angesetzt, mittelgroß und spitz, bei Erregung ganz aufgestellt, in der Ruhe können sie nach hinten gelegt sein. **Zähne:** ziemlich großes, vollständiges Scherengebiß in kräftigen, symmetrischen Kiefern. **Hals:** gerade, kräftig und angemessen lang zur Gesamtgröße des Hundes. **Vorderläufe:** kurz, kräftig und gerade, die Ellbogen liegen dem Körper an, der Mittelfuß ist fest und senkrecht. **Rumpf:** kurzer Rücken und kompakter, genügend tiefer Brustkorb, der lang und elastisch ist, die Lenden kurz. **Hinterläufe:** breit, kräftig und muskulös, mit gut gewinkelten Knien, die Sprunggelenke sind tief. **Pfoten:** rund und geschlossen (katzenartig), mit starken Ballen, zeigen im Stehen und in Bewegung nach vorn. **Rute:** wird mäßig kupiert oder in natürlicher Länge gelassen; in der Rückenlinie angesetzt und aufgerichtet getragen; eine nicht kupierte ist proportional der Gesamtgröße des Hundes und wird möglichst gerade und hoch getragen. **Haar:** hart, drahtig, gerade und eng anliegend, mit dichter Unterwolle; längeres und harscheres Haar am Hals umrahmt das Gesicht, an Kopf und Ohren ist es kürzer und glatt, mit Ausnahme des nicht allzu starken Bartes und der Augenbrauen. **Farbe:** alle Schattierungen von Rot, Weizenfarbe, Schwarz mit Brand (black and tan) und Grizzly (Graurötlich); weiße Abzeichen oder Flecke sind unerwünscht. **Größe:** die ideale Widerristhöhe ist 10 Zoll (25-26 cm).

Herkunftsland: Großbritannien

Dieser größte Schäferhund ist im westlichen England schon seit Mitte des 17. Jahrhunderts bekannt, auf die britischen Inseln gelangten seine Vorfahren bereits einige tausend Jahre früher. Seine Urheimat waren die weitläufigen Regionen Asiens bis zum Himalaja, von wo er mit Wanderhirten nach Europa kam. Die ältere Form war auf den britischen Inseln als Cumberland Sheepdog bekannt, der direkte Vorgänger des heutigen Bearded Collie, eines Schäferhundes gleicher Herkunft. Die nächsten Verwandten sind z.B. der Südrussische Owtscharka, der ungarische Komondor und Pumi, der Polnische Niederungshütehund, der Bergamasker Hirtenhund u.a. Außer dem reichen Haar ist für den Bobtail die Paßgängerart typisch. Dieser „altenglische Schäferhund" ist ein temperamentvolles, lebhaftes, fröhliches und verspieltes Tier, das auf dem Lande zu Hause ist, sich aber ohne Schwierigkeiten auch an das Leben in der Stadt gewöhnt.

Beschreibung: Kopf und Schädel: proportional zum Hirnschädel geräumig, fast würfelförmig, Stop sichtbar; Fang kräftig, eckig, Nase groß, schwarz. **Augen:** weit auseinanderliegend, dunkel oder sog. wall eyes, zulässig auch beide Augen blau; helle Augen unerwünscht, Pigmentierung der Augenlider wird bevorzugt. **Ohren:** klein, flach an den Kopfseiten getragen. **Zähne:** kräftig, groß, regelmäßig, Scherengebiß, Zangengebiß zulässig, aber unerwünscht. **Hals:** ziemlich lang, kräftig, schwungvoll gewölbt. **Vorderläufe:** vollkommen gerade, starkknochig, die Ellbogen liegen dem Körper an; im Stehen ist der Widerrist niedriger als die Kruppe. **Rumpf:** eher kurz, kompakt, mit gut gewölbten Rippen und geräumigem Brustkorb. **Hinterläufe:** aus festen, breiten und leicht gewölbten Lenden hervortretend; Keulen gerundet, bemuskelt, Unterschenkel lang, Knie gut gewinkelt, Sprunggelenke niedrig; von hinten sind Sprunggelenke und Fußrücken ganz gerade. **Pfoten:** klein, rund, fest, mit gewölbten Zehen, Ballen stark und hart. **Rute:** wird gewöhnlich vollkommen kupiert. **Haar:** reich, von rauher Struktur, nicht gerade, sondern zottig, Unterwolle wasserabweisend; Hinterläufe reicher befedert als der übrige Körper; Qualität, Struktur und Reichhaltigkeit des Haarkleides wichtiger als die Länge. **Farbe:** alle Grau-, Grizzly- oder Blauschattierungen; Rumpf und Vorderläufe sind einheitlich gefärbt, mit oder ohne weiße „Socken"; weiße Flecken in der Grundfarbe unzulässig; Kopf, Hals, Vorderläufe und Unterseite des Bauches weiß, mit oder ohne Abzeichen; braune Schattierung unerwünscht. **Größe:** Widerristhöhe des Rüden 24 Zoll (61 cm) und mehr, der Hündin 22 Zoll (56 cm) und mehr, Typ und Gesamtausgewogenheit sind von größter Bedeutung.

Herkunftsland: Österreich

Ein Hund vom Typ des Österreichischen kurzhaarigen Pinschers war jahrhundertelang typisch für das böhmische und österreichische Dorf, wo er hauptsächlich als Gebäudewächter, Vernichter kleinerer Schädlinge und Kutscherhund diente. Er stand also – und das nicht nur durch seine Stellung in der Wirtschaft – dem heutigen Schnauzer und Zwergschnauzer sowie dem deutschen Pinscher nahe. Die österreichischen Züchter rekonstruierten diese Rasse Anfang der zwanziger Jahre unseres Jahrhunderts aus einigen geeigneten Tieren, die man auf ländlichen Gütern fand. Schon 1929 wurde der Österreichische Pinscher international anerkannt. Er ist sehr lebhaft, wendig, wachsam und am Gebäude laut, was ausgezeichnete Voraussetzungen für einen Wachhund sind, der auch die Arbeit eines Hütehundes gut beherrscht. Das ganze Jahr über kann er außerhalb des Hauses verbringen. In der Regel erkennt er nur einen Herrn an.

Beschreibung: Kopf und Schädel: erinnert in der Form an eine Birne, der Schädel ist breit, die Augenjochbögen sind gewölbt, der Stop markiert, der Fang voll und kurz, weder spitz zulaufend noch sehr breit; die geöffneten Augenlider sind rund, die Nase groß, bei gelbschwarzen Hunden schwarz und bei braunen dunkel leberfarben. **Augen:** groß und dunkel. **Ohren:** halb oder ganz aufgerichtet, selten nach hinten gelegt, sog. Rosenohr; am häufigsten ist das Ohr nach vorn gekippt. **Zähne:** unregelmäßiges (schiefes) Scherengebiß, Vor- oder Hinterbiß ist unerwünscht. **Hals:** kurz bis mittellang und kräftig, mit breitem Nacken. **Vorderläufe:** im oberen Teil sehr schräggestellt, im unteren mittellang und senkrecht; die Ellbogen sind weder ein- noch auswärts gedreht, der Mittelfuß kräftig, die Mittelhand kurz, mäßig gewinkelt. **Rumpf:** gut markierter Widerrist, Rücken und Lenden sind kurz, breit und muskulös, die Lenden leicht gewölbt, sog. Kamelrücken aber unerwünscht; der Brustkorb ist lang, tief und breit, faßförmig, die Kruppe breit, nicht allzu flach oder zu sehr geneigt. **Hinterläufe:** gut gewinkelt, die Oberschenkel mittellang, die Sprunggelenke kräftig und breit, die Mittelhand kurz. **Pfoten:** fest, mit gut gewölbten Zehen und starken Krallen. **Rute:** hoch angesetzt und geringelt, gewöhnlich über dem Rücken getragen, kurz und grob befedert, kann kupiert werden. **Haar:** dicht, gerade und kurz, mit Unterwolle, dem Fell des kurzhaarigen Fox Terrier sehr ähnlich. **Farbe:** am üblichsten ist gelb, fahl, gelblich lohfarben, rot, schwarz und braun, gestromt; in der Regel mit großen weißen Abzeichen, einer Blesse an Fang, Halsring, Kehle, Vorderbrust, Pfoten und Rutenspitze. **Größe:** die Widerristhöhe ist 35-50 cm, im Durchschnitt 40 cm; das Körpergewicht beträgt 12-18 kg.

Herkunftsland: Großbritannien

Zur Otternjagd verwendeten schon die englischen Könige John (regierte 1199-1216) und Edward II. (1307-1327) Meuten spezialisierter Jagdhunde. Dies waren noch keine richtigen Otterhunde, sondern zu diesem Zweck abgerichtete Terrier, Laufhunde, jagdliche Spaniels oder Wasserhunde und Pudel. Ende des 19. Jahrhunderts begann die Zucht einer selbständigen Rasse, die es in bezug auf Schnelligkeit, Geruchsinn, Ausdauer, Schärfe und Schwimmfähigkeit mit dem Fischotter aufnehmen sollte. Verwendet für die Zucht wurden Bloodhound, die englischen Laufhunde Foxhound, Harrier, Foxterrier, Basset Hound und französische Griffons, vor allem Nivernais und Basset griffon vendéen; der gegenwärtige Otterhound ist das Ergebnis einer Neurassenkreuzung von fünf Generationen des Gritton Nivernais-Bloodhound. Große Beliebtheit hat er in den USA erlangt. Er ist freundlich, klug und heute ausschließlich ein Begleiter.

Beschreibung: Kopf und Schädel: Kopf groß, eher schmal und gut behaart; die Länge von der Nasenspitze bis zum Hinterhauptbein beträgt bei einem 26 Zoll (66 cm) hohen Tier 11-12 Zoll (28-30,5 cm); der Schädel ist lang und nur leicht gewölbt, der Fang lang und eckig, mit kräftigen Kiefern und tiefen Lefzen; der Stop ist ausgeprägt, die Nase groß, ganz pigmentiert. **Augen:** tiefliegend, die Schleimhaut wird nur leicht enthüllt; dunkel, aber die Färbung kann je nach der Gesamtfarbe des Hundes schwanken. **Ohren:** lang, pendelnd und faltig, tief angesetzt und eng am Kopf hängend, gut behaart. **Zähne:** Scherengebiß. **Hals:** sieht wegen der Haarfülle kürzer aus, als er in Wirklichkeit ist. **Vorderläufe:** trockene, mächtige und gut geneigte Schulterblätter, gerade und schwere Knochen. **Rumpf:** tiefe Brust, die Rippen sind hübsch gewölbt, der Rücken gerade. **Hinterläufe:** große und gut bemuskelte Keulen, die Läufe sind mäßig gewinkelt, von hinten gesehen parallel. **Pfoten:** groß, breit, geschlossen und mit guten Ballen und Schwimmhäuten zwischen den Zehen, Afterkrallen werden entfernt. **Rute:** ziemlich lang, bis zu den Sprunggelenken reichend, gut mit Fransen befedert; wird wie ein Säbel getragen, nie über den Rücken, in der Ruhe hängt er herab. **Haar:** das Deckhaar ist 3-6 Zoll (7,6-15,2 cm) lang, an den Läufen kürzer; harte und kurze Unterwolle, die wie Wolle und wasserabweisend ist. **Farbe:** jede Färbung und Farbkombination ist zulässig; die Nase muß immer dunkel pigmentiert sein, schwarz oder leberbraun, je nach der Gesamtfärbung des Hundes. **Größe:** die Widerristhöhe des Rüden ist 24-27 Zoll (61-68,6 cm), die der Hündin 22-26 Zoll (55,9-66 cm); das Körpergewicht des Rüden beträgt 75-115 lb (32,6-50 kg), das der Hündin 65-100 lb (34,7-43,5 kg).

Herkunftsland: China

Berichte über kleine „Löwenhunde" am chinesischen Kaiserhof datieren vom Jahre 565, als der Herrscher im Sattel seines Pferdes einen Zwerghund mitführte. Kaiser Kao Tsu aus der Tangdynastie (618-907) besaß angeblich zwei Hunde, die er als Geschenk erhalten hatte, offenbar aus Tibet. Hier ist wohl auch der Ursprung des Pekingesen zu suchen. Er diente in Klöstern als Wachhund und zum Antreiben von Gebetsmühlen. Die Zucht der neuzeitlichen Rasse fällt in die Regierungszeit der chinesischen Kaiserin Tzu-Cch'si (gest. 1908). Eine der ersten europäischen Besitzerinnen eines Pekingesen war die englische Königin Victoria. Im Wesen dieses Zwerghundes liegt etwas vom geheimnisvollen Orient, zu „seinen" Leuten ist er aber lieb und freundlich, zu Fremden eher mißtrauisch und reserviert. Er ist ein prächtiger Gefährte für behagliche Stunden, ohne Ansprüche an freie Bewegung; unerläßlich ist die Pflege des reichen Haarkleides.

Beschreibung: Kopf und Schädel: groß, breiter als tief, der Schädel ist breit und flach zwischen den Ohren, nicht gewölbt und breit zwischen den Augen, die Nase breit, die Nüstern groß, geöffnet und schwarz; der Fang ist breit, gut gefaltet und mit festem Unterkiefer; das Profil ist flach, mit der Nase gut zwischen den Augen, der Stop ausgeprägt; Nase, Augenlider und Lefzen sind schwarz pigmentiert. **Augen:** groß, klar, rund, dunkel und glänzend. **Ohren:** herzförmig, in der Linie des Hirnschädels angesetzt und eng am Kopf getragen, mit langen Fransen; ihre Haut reicht nicht unter die Linie des Fanges. **Zähne:** nicht sichtbar (auch die Zunge nicht); wichtig ist, daß der Unterkiefer fest ist. **Hals:** sehr kurz und kräftig. **Vorderläufe:** kurz, kräftig, mit schweren Knochen, leicht gebogen, fest in den Schultern. **Rumpf:** kurz, die Brust ist breit, mit tadellos elastischen Rippen, gut zwischen den Läufen eingehängt, mit ausdrucksvoller Taille, der Rücken ist gerade. **Hinterläufe:** etwas leichter als die Vorderläufe, aber fest und gut geformt; eng gehalten, aber nicht Kuhstellung. **Pfoten:** groß und flach, nicht rund, die Vorderpfoten sind leicht nach außen gedreht. **Rute:** hoch angesetzt, fest getragen, leicht über den Rücken nach einer Seite hin gebogen und lang befedert. **Haar:** lang, gerade, bildet hinter den Schultern eine reiche Mähne; das Deckhaar ist grob, die Unterwolle kräftig; reiches Haar besonders an den Ohren, an den Rückseiten der Läufe, an Rute und Zehen, wo es Fransen bildet. **Farbe:** alle Farben und Abzeichen sind gestattet, mit Ausnahme von Reinweiß (albin) und Leberbraun. **Größe:** gibt der Standard nicht an; das ideale Gewicht liegt beim Rüden nicht über 5 kg (11 lb) und bei der Hündin über 5,5 kg (12 lb); der Hund muß klein aussehen, aber überraschend schwer, wenn er sich erhebt.

Herkunftsland: Peru

Der „Peruanische Nackthund" war früher in der Welt unter dem exotischen Namen Inca Orchid Moon Flower Dog bekannt, der auf seine mit der indianischen Zivilisation der Inkas zusammenhängende Herkunft verwies. Figürchen von Hunden ohne Haarkleid fanden sich aber auch unter den archäologischen Funden der ecuadorianischen Kultur in Valdivia vom Beginn des 1. Jahrtausends v. Chr. Es ist nicht ausgeschlossen, daß die Nackthunde auf den südamerikanischen Kontinent aus Japan gelangten, wovon ähnliche Funde der Dschomon-Kultur zeugen. Es dürfte sich gemeinsam mit dem Mexikanischen Nackthund - Xoloitzquintle um eine ursprüngliche, amerikanische, dort domestizierte Rasse handeln. Der hereditäre Verlust des Haarkleides wird einer Veränderung der Erbmasse zugeschrieben. Der Peruanische Nackthund ist ein friedliches, zärtliches, liebes Tier und ausschließlich für die Haltung in der Wohnung geeignet.

Beschreibung: Kopf und Schädel: mittellang, der Fang spitz zulaufend und so lang wie der Hirnschädel, der Stop leicht markiert; die Nase kann beliebig gefärbt sein, die Lefzen liegen an. **Augen:** fast mandelförmig, gelb bis schwarz gefärbt, der Ausdruck ist lebhaft und intelligent; beide Augen müssen von gleicher Farbe sein, dunkle werden bevorzugt. **Ohren:** mittelgroß und im Ansatz breit, in der Ruhe nach hinten gelegt, bei Erregung ganz oder halb aufgerichtet. **Zähne:** Scherengebiß, die Prämolaren können fehlen. **Hals:** muskulös, aufgerichtet und elegant getragen, erweitert sich fließend in die Schultern. **Vorderläufe:** länger, gerade, kräftig, mit anliegenden Ellbogen und festem Mittelfuß. **Rumpf:** eher leicht, aber genügend kräftig, der Brustkorb breit, der Rücken gerade, mit gewölbten Rippen, der Bauch muskulös und aufgezogen. **Hinterläufe:** lang, gut bemuskelt, die Muskeln sind elastisch und gut modelliert. **Pfoten:** mittellang, hasenartig, mit guten Ballen. **Rute:** niedrig angesetzt und lang, in der Bewegung höher getragen, in der Ruhe herabhängend. **Haar:** fehlt und beschränkt sich auf spärliche Büschel an Kopf, Rutenspitze und Pfoten, ihre Farbe schwankt von schwarz bis braun (rubio), immer in sauberen Schattierungen. **Haut:** im Griff zart und weich, sehr warm. **Farbe:** schwarz, schiefergrau, elfenbeingrau, schwarzblau, dunkel- bis hellbraun; einfarbig oder mit rosa Flecken. **Größe: klein:** die Widerristhöhe ist 25-40 cm, das Körpergewicht 4-8 kg; **mittel:** Widerristhöhe 40-50 cm, Körpergewicht 8-12 kg; **groß:** Widerristhöhe 50-65 cm, Körpergewicht 12-23 kg.

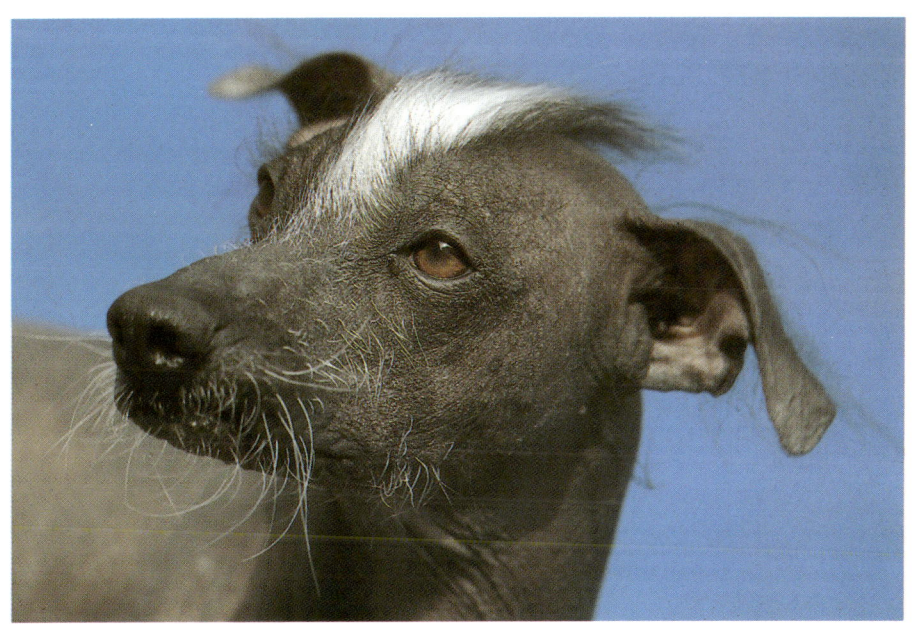

Herkunftsland: Frankreich

An einen Löwen erinnert dieser kleine Bichon vor allem durch eine besondere Haarschur, die seine mächtige Mähne und die typische Troddel an der Rutenspitze hervorhebt. Ohne Trimmung wäre seine ziemlich überraschende Verwandtschaft mit einem altertümlichen Typ des jagdlichen Wasserhundes, dem Barbet, der auch zu den Vorläufern einer weiteren Rasse mit klassischer Löwenschur – dem Pudel – gehört, weitaus offenkundiger. Die nächsten Verwandten des Löwchens sind vor allem der belgisch-französische lockige Bichon und weitere aus dem Mittelmeerraum stammende Bichons – der Coton de Tuléar aus Madagaskar, der Havaneser, der Téneriffe und der Bologneser. Die Löwenschur ist bei den Bichons schon seit dem 16. Jahrhundert bekannt, und mindestens genauso lange existiert auch ihre Rolle als muntere, pfiffige, freundliche und gleichzeitig attraktive und elegante Begleithunde.

Beschreibung: Kopf und Schädel: insgesamt kurz, mit verhältnismäßig breitem Schädel, vor allem in der Partie zwischen den Ohren, nur leicht gerundet; der Stop ist deutlich ausgeprägt, die Nase schwarz, die Lefzen sind zart und trocken. **Augen:** rund, groß, mit intelligentem Ausdruck, dunkel gefärbt. **Ohren:** herabhängend und lang, gut befedert, an den Enden mit Fransen. **Zähne:** im Standard nicht angegeben. **Hals:** mäßig lang und hoch getragen. **Rumpf:** kurz und proportioniert, der Brustkorb gut entwickelt, die Rippen gerundet. **Gliedmaßen:** gerade und zart, richtig gewinkelt. **Pfoten:** klein und rund. **Rute:** mittellang, mit kurzgetrimmtem Haar, außer der Spitze, die eine hübsche Troddel bildet. **Haar:** ziemlich lang und gewellt, nicht lockig, wird wie beim Pudel zur klassischen Form geschoren. **Farbe:** alle Farben sind gestattet, einfarbig und gescheckt, bevorzugt werden Weiß, Schwarz und Zitronengelb. **Größe:** Widerristhöhe 20-35 cm.

Herkunftsland: Malta

Im alten Ägypten gab es windhundartige Tiere ähnlich dem heutigen „Pharaonenhund", doch ist diese Rasse keine entwicklungsmäßig direkte Fortsetzung der auf ägyptischen Gräbern dargestellten Hunde. Bis Ende der siebziger Jahre des 20. Jh. kannte man diesen Windhund der Insel Malta als Kelb tal Fenek, Malta-Laufhund. Er ist eng mit anderen Windhunden des Mittelmeerraumes verwandt. Gemeinsames Merkmal dieser Rassen, das sie von den Windhunden anderer Gegenden unterscheidet, sind die Stehohren. Auf Malta verwendetete man den Pharaonenhund hauptsächlich zur Jagd auf Niederwild und Kaninchen, nach seinem Import nach England zu Beginn der sechziger Jahre wurde er eine gesuchte Luxus-Begleithundrasse. Er ist ein intelligentes, feines und aufmerksames Tier, das sich seine Freunde selbst und zurückhaltend aussucht. Spezifisch ist seine Lautäußerung, die fast an eine Art Sprache erinnert.

Beschreibung: Kopf und Schädel: langer, trockener, gut geformter Hirnschädel; der Fang ist etwas länger als dieser, der Stop leicht angedeutet, die Linien des Hirnschädels und des Nasenrückens sind parallel; der ganze Kopf ist von oben und von der Seite gesehen keilförmig. **Augen:** oval, eher tiefliegend, bernsteinfarben, der Ausdruck ist wachsam und intelligent. **Ohren:** mittelhoch angesetzt, bei Erregung aufgerichtet, ziemlich beweglich, an der Basis breit, zart und groß. **Zähne:** starkes Scherengebiß in kräftigen Kiefern. **Hals:** lang, trocken, muskulös und leicht gewölbt. **Vorderläufe:** kräftige, lange und richtig geneigte Schulterblätter, die Läufe gerade und parallel, die Ellbogen liegen dem Körper an, der Mittelfuß ist kräftig. **Rumpf:** elastisch, der Rücken ganz gerade, die Kruppe leicht abfallend, der Brustkorb tief, bis zu den Ellbogen reichend; der Rumpf ist etwas länger als die Widerristhöhe, der Bauch leicht aufgezogen. **Hinterläufe:** kräftig und muskulös, mit gut gewinkelten Knien und Unterschenkeln, von hinten gesehen sind sie parallel. **Pfoten:** kräftig und fest, weder ein- noch auswärts gedreht, mit guten Ballen. **Rute:** mittelhoch getragen, an der Wurzel ziemlich kräftig und allmählich sich verjüngend, frei nach unten bis zwischen die Sprunggelenke getragen, aber nicht zwischen die Läufe gerollt; fehlerhaft ist auch ein sog. Rattenschwanz. **Haar:** kurz, glänzend, fein, dicht bis fast grob und ohne längere Strähnen. **Farbe:** loh- oder dunkel lohfarben mit weißen Abzeichen; wünschenswert ist eine weiße Rutenspitze; ein weißer Fleck an der Brust bildet einen Stern, weiß gefärbt sind auch die Pfoten; ein schmaler weißer Streifen in der Kopfmitte ist gestattet. **Größe:** die ideale Widerristhöhe des Rüden ist 56-63 cm, die der Hündin 53-61 cm.

Herkunftsland: Deutschland

Der Pinscher ist im Grunde eine kurzhaarige Varietät des Schnauzers. Weitaus offenkundiger war das noch Ende des 19. Jahrhunderts, als bei dieser Rasse drei Größenschläge unterschieden wurden und außer dem Kurzhaar noch eine rauhhaarige Spielart existierte. Ähnlich wie der Dobermann das kurzhaarige Gegenstück zum Riesenschnauzer ist und der kurzhaarige Zwergpinscher das Pendant des Zwergschnauzers, ist der Pinscher der kurzhaarige Bruder des mittelgroßen Schnauzers. Früher war er ein Hund der ländlichen Bauernhöfe, der Handwerksbetriebe und Ausflugsgaststätten, so daß er fast gar nicht als selbständige Rasse zur Kenntnis genommen wurde. Als eigene Rasse beginnt er erst nach dem Ersten Weltkrieg zu figurieren. Er ist ein lebhafter, freundlicher Hund, ohne besondere Ansprüche an Pflege, und wegen seines kurzen Haarkleides eher für die Wohnung geeignet, doch dient er auch als Wachhund.

Beschreibung: Kopf und Schädel: kräftig und langgestreckt, ohne stark hervortretendes Hinterhauptbein; Nasenrücken gerade, verläuft parallel zur verlängerten Linie der Stirn, die flach und faltenlos ist; Stop sanft; die Kaumuskeln kräftig, Backen nicht überbetont; der tiefe Fang endet in einem stumpfen Keil; die Nase schwarz, bei roten und braunen Schlägen in entsprechender Schattierung. **Augen:** dunkel, mittelgroß, oval, nach vorn gerichtet; die unteren Lider liegen an. **Ohren:** hoch angesetzt, V-förmig und überhängend oder kleine Stehohren, gleichmäßig aufgerichtet getragen. **Zähne:** kräftiges, vollständiges Scherengebiß. **Hals:** kräftig, edel geformt, darf nicht zu kurz oder zu lang sein; Nacken gewölbt, die Haut am Hals straff. **Vorderläufe:** schräge Schulterblätter, flach, aber gut bemuskelt; Läufe gerade, mit anliegenden Ellbogen. **Rumpf:** Brust ist mittelbreit, mit flachen Rippen und im Durchschnitt oval, reicht bei guter Wölbung bis hinter die Ellbogen; Vorderbrust markant ausgeprägt; Rücken kurz und leicht abfallend, seine Gesamtlänge entspricht etwa der Widerristhöhe, und seine Oberlinie bildet einen sanften Bogen. **Hinterläufe:** mächtig bemuskelt, mit schräggestellten Keulen, Sprunggelenke markant gewinkelt. **Pfoten:** kurz, mit fest geschlossenen, nach oben gewölbten Zehengliedern (Katzenpfoten), dunklen Krallen und harten Ballen. **Rute:** hoch angesetzt und nach oben getragen; wird auf die Länge von drei Wirbeln kupiert. **Haar:** kurz und dicht, glatt anliegend, glänzend, ohne kahle Stellen. **Farbe:** einfarbig (braun in verschiedenen Schattierungen bis hirschrot) oder zweifarbig (schwarz mit roten oder braunen Abzeichen); der Brand soll möglichst dunkel, satt und scharf abgegrenzt sein. **Größe:** Widerristhöhe ist 45-50 cm.

PODENCO IBICENCO

Herkunftsland: Spanien

Die Heimat des Podenco Ibicenco, eines typischen Windhunds des Mittelmeerraumes, sind außer Ibiza noch andere Inseln der Balearen – Mallorca, Menorca und Formentera, wo er eher unter dem Namen „Ca Eivissenc" bekannt ist. Mit kleinen Varianten seines Äußeren kommt er allerdings auch in einem breiten Grenzgebiet zwischen Spanien und Frankreich, vor allem in Katalonien, Valencia, Rousillon und in der Provence vor. Seine Urheimat ist offenbar der Norden Afrikas und die Region, die an den Nahen Osten anschließt. Man kann also von einer nahen Verwandtschaft mit dem Pharao Hound bzw. Malta-Laufhund sprechen. Darauf, daß es sich um eine Übergangsform zwischen großen Lauf- und echten Windhunden handelt, weist auch hin, daß bei der Jagd nicht nur der Gesichts-, sondern auch der Geruchssinn eingesetzt wird. Außerhalb des ursprünglichen Verbreitungsgebietes stellt er eine Luxus-Begleithundrasse dar.

Beschreibung: Kopf und Schädel: lang, schmal, konisch und sehr trocken, Hirnschädel lang und flach, Stop schwach angedeutet, Stirn schmal; Nasenrücken ist leicht gewölbt, Nase vorspringend, reicht über den Unterkiefer hinaus und ist fleischfarben. **Augen:** schräg, klein, hell bernstein- bis karamelfarben, mit intelligentem, aber nicht allzu edlem Ausdruck. **Ohren:** in Augenhöhe angesetzt, lang rautenförmig und aufrechtstehend, nach vorn, seitwärts oder nach hinten gerichtet, sehr beweglich, können nach hinten gelegt werden, in Erregung immer hochgestellt. **Zähne:** gut angeordnet. **Hals:** sehr trocken, ziemlich lang, muskulös, leicht gewölbt. **Rumpf:** tiefer, schmaler und langer Brustkorb, das Brustbein bildet mit den Rippen einen spitzen Winkel und ragt markant nach vorn; Widerrist frei, Schulterblätter schräg, Rücken gerade, Lenden gewölbt, mittelbreit, Kruppe gerade. **Gliedmaßen:** lang, gerade und kräftig, die Hinterläufe haben lange, kräftige und trockene Keulen und breite, tiefe Sprunggelenke. **Pfoten:** langgestreckt, geschlossen, zwischen den Zehen stark befedert, die Krallen kräftig, weiß oder entsprechend der Fellfarbe, Ballen stark. **Rute:** lang, zwischen die Hinterläufe gestreckt, reicht bis zur Wirbelsäule; tief angesetzt, dünn, in der Ruhe frei nach unten hängend, in Bewegung sichelförmig gekrümmt oder gestreckt. **Haar:** kurz und grob, an Kopf und Ohren kürzer, an der Rückseite der Keulen und Rutenunterseite länger. **Farbe:** weiß und rotbraun, weißgelb oder einheitlich weiß, rotbraun oder gelb (löwengelb); Rotbraun wird vor Gelb bevorzugt; alle anderen Farben unerwünscht. **Größe:** Widerristhöhe des Rüden 60-66 cm, der Hündin 57-63 cm; Körpergewicht des Rüden etwa 22,5 kg, der Hündin ca. 19 kg.

PUG

Herkunftsland: Großbritannien

Außerhalb der englischsprechenden Länder ist er mehr als Mops bekannt. Nach Europa gelangte er im 16. Jahrhundert mit den portugiesischen Seefahrern aus China. Unter Wilhelm von Oranien (1572-1584) wurde er sogar offizieller Hund des Herrscherhofes. Er ist daher auch in der Delfter Kathedrale dargestellt, wie er seinem Herrn treu folgt. Erst Ende des 17. Jahrhunderts kam er auf die britischen Inseln. Wegen seiner Herkunft kann er als eine kurzhaarige Varietät des Pekingesen angesehen werden, sehr nahe steht er auch dem Tibetan Spaniel, entwicklungsmäßig reichen seine Wurzeln also bis zur Tibet-Dogge, Do-Khyi. Der englische Name Pug ist angeblich vom lateinichen pugnus = Faust abgeleitet, wegen seiner Kopfform mit dem stark verkürzten Fang. In Frankreich ist er als Carlin bekannt, nach der Maske des berühmten Harlekins. Der Mops gehört seit Jahrhunderten zu den beliebtesten Begleithunderassen.

Beschreibung: Kopf und Schädel: beide sind rundlich, apfelförmig, ohne Vertiefungen; der Fang ist kurz, abgestumpft, quadratisch, mit klar ausgeprägten Falten, der Unterkiefer breit. **Augen:** dunkel und möglichst groß, rund, mit zartem, besorgtem Ausdruck, glänzend, bei Erregung allerdings voller Feuer. **Ohren:** dünn, klein, weich und samtig, entweder rosenblattförmig oder nach hinten gekippt und seitlich nach hinten gelegt, so daß sie das Ohrinnere enthüllen, oder als Knopfohr, d.h. nach vorn fallend, mit der Spitze eng am Schädel anliegend. **Zähne:** unmerklicher Vorbiß, dürfen aber bei geschlossenem Maul nicht zu sehen sein, die unteren Schneidezähne stehen fast in einer Reihe. **Hals:** leicht gewölbt, kräftig und genügend lang, die Haut bildet an der Kehle eine Wamme. **Vorderläufe:** sehr kräftig, gerade und mittellang, gut gewinkelt unter dem Körper stehend. **Rumpf:** kurz, kompakt, mit breiter Brust und weit nach hinten reichenden Rippen; die Kruppe ist gerade. **Hinterläufe:** kräftig, mittellang und gut bemuskelt, von hinten gesehen gerade und parallel. **Pfoten:** weder so lang wie Hasen- noch so rund wie Katzenpfoten; die Krallen sind schwarz. **Rute:** hoch angesetzt und möglichst eng über die Lenden geringelt, am besten zweimal. **Haar:** fein, glatt und glänzend, weder hart noch wellig. **Farbe:** silbrig, aprikot, rötlich oder schwarz; diese Farben sind stets sauber, damit der Kontrast zwischen dem sog. Aalstrich, der vom Hinterhauptbein zum Rutenansatz verläuft, der Maske und den übrigen Körperpartien betont wird; die Maske, die Ohren, die Flecke an Schläfen und Stirn sollen wie der Aalstrich möglichst schwarz sein. **Größe:** gibt der Standard nicht an; das ideale Gewicht beträgt 6,3-8,1 kg.

Herkunftsland: Ungarn

Das besondere filzige Fell schützt den Puli ausgezeichnet vor Kälte und Wasser, und das, wie auch seine überraschende Beweglichkeit, Schnelligkeit und Ausdauer, macht ihn zu einem hervorragenden Hirtenhund. Früher war diese Rasse, deren Wurzeln bis nach Tibet reichen und mit asiatischen Hütehunden wie Lhasa Apso oder Tibetan Terrier verknüpft sind, in zwei Größenschlägen bekannt, von denen der größere als Treibhund arbeitete und der kleinere, in der Regel weiß gefärbte, bei Schafen, während die kleinsten – arbeitsmäßig nicht genutzten – Exemplare beliebte Begleithunde wurden. Der nächste Verwandte des Puli ist der größere und weniger stark behaarte Pumi. Getrennt begann man diese zwei Rassen erst seit Beginn des 20. Jahrhunderts zu züchten, wobei bis in die zwanziger Jahre der Puli des sog. älteren Typs bekannt war, mit längerem Kopf, spitzerem Fang und fast aufgestellten Ohren.

Beschreibung: Kopf und Schädel: insgesamt klein und zart, von vorn erscheint er rund, von der Seite oval; der Stop ist leicht gekennzeichnet, der Nasenrücken gerade, die Nase stumpf und schwarz. **Augen:** rund und dunkelbraun, mit lebhaftem Ausdruck. **Ohren:** mittelhoch angesetzt und herabhängend, V-förmig, oben gerundet. **Zähne:** vollständiges Scherengebiß. **Hals:** mittellang, fest und bemuskelt. **Rumpf:** nicht markierter Widerrist, mittellanger Rücken, die Lenden kurz, der Brustkorb geräumig, mäßig breit, tief und lang; die Kruppe ist kurz, sanft abfallend, der Bauch leicht aufgezogen. **Gliedmaßen:** die Vorderläufe sind gerade, die Ellbogen anliegend, die Unterarme lang, trocken bemuskelt; die Hinterläufe haben lange, muskulöse Keulen und ausdrucksvolle Sprunggelenke und stehen breiter als die Vorderläufe. **Pfoten:** kurz, rundlich und geschlossen, mit kräftigen Krallen und vollen Ballen. **Rute:** hat 18-20 Wirbel. **Haar.** doppelt, das Deckhaar filzig in langen, schmalen Streifen, schnurförmig, reicht bei erwachsenen Hunden bis zum Boden. **Farbe:** schwarz, weiß und alle Grauschattierungen. **Größe:** gibt der Standard nicht an.

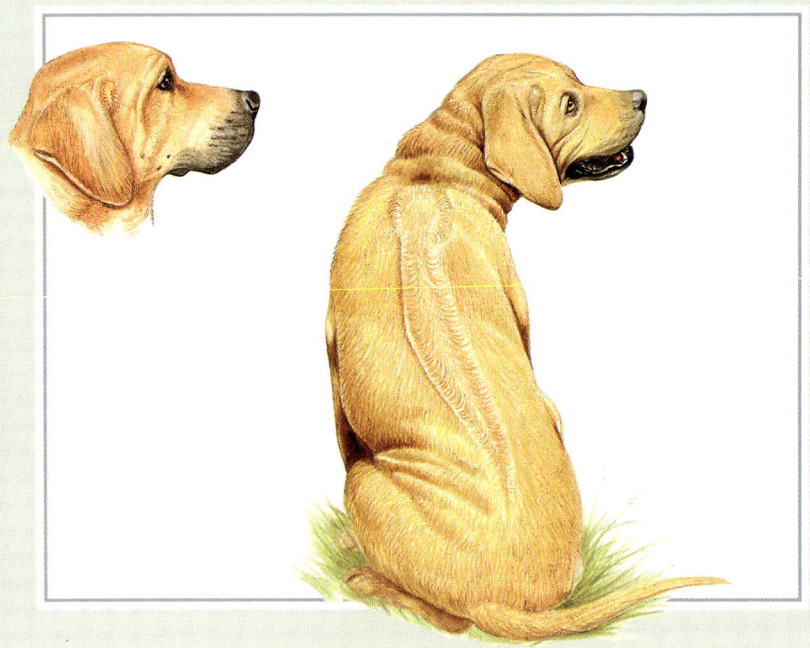

Herkunftsland: Südafrika

Den Hunden der Hottentotten begegneten die ersten Kolonisten aus Holland und Frankreich 1562, und ihre erste Beschreibung als „schreckliche wilde Hunde" lieferte Laurens van der Post. Eine ausführliche Schilderung ihres Äußeren einschließlich des charararakteristisch nach hinten wachsenden Haarstreifens auf dem Rücken – „ridgeback" – brachte erst der schottische Forschungsreisende und Missionar D. Livingstone mit, der Afrika in den Jahren 1852-1856 bereiste. Weitere Siedler brachten Mastiffs, Greyhounds, Bloodhounds, Terrier und andere Rassen mit, die sich unkontrolliert mit den ursprünglichen Hunden der Hottentotten vermischten. Ihre Nachkommen trugen aber noch immer den nach hinten wachsenden Haarstreifen und waren außerordentlich widerstandstähig und ausdauernd. Deshalb waren sie auch bei der Jagd zu Pferde gefragt. Diese Rasse dient heute als Gesellschafter und Wächter.

Beschreibung: Kopf und Schädel: mäßig lang, der Schädel flach und zwischen den Ohren relativ breit, in der Ruhe ohne Falten; der Stop ist gut markiert, die Nase je nach Fellfarbe schwarz oder braun, der Fang lang, tief und kräftig, die Lefzen sind trocken und eng anliegend. **Augen:** mittelweit voneinander entfernt, rund, klar und leuchtend, mit intelligentem Ausdruck; ihre Farbe entspricht dem Haarkleid (dunkel oder bernsteinfarben). **Ohren:** verhältnismäßig hoch angesetzt und mittelgroß, an der Wurzel ziemlich breit, zur gerundeten Spitze hin allmählich schmäler werdend. **Zähne:** in kräftigen Kiefern ein perfektes, regelmäßiges und vollständiges Scherengebiß, sie stehen gerade in den Kiefern und sind, besonders die Fangzähne, sehr kräftig. **Hals:** relativ lang, kräftig und ohne lose Haut. **Vorderläufe:** vollkommen gerade, kräftig und starkknochig, die Ellbogen liegen dem Körper eng an. **Rumpf:** der Brustkorb ist nicht allzu breit, sehr tief und geräumig, der mächtige Rücken und die Lenden sind muskulös. **Hinterläufe:** trocken, mit klar gekennzeichneten Muskeln, die Kniegelenke sind gut gewinkelt, die Sprunggelenke liegen tief. **Pfoten:** kompakt, mit gut gewölbten Zehengliedern und runden, widerstandsfähigen, elastischen Ballen; zwischen den Zehen und Ballen behaart. **Rute:** an der Wurzel stark, weder zu hoch noch zu tief angesetzt, zur Spitze zu mit Verjüngung; wird leicht erhoben getragen, doch nie über den Rücken gerollt. **Haar:** kurz und dicht, glatt und leuchtend, aber nie wellig oder seidig. **Farbe:** hellweizen- bis rotweizenfarbig; erlaubt sind kleine weiße Abzeichen an Brust und Zehen, viele weiße Haare aber unerwünscht; Fang und Ohren können dunkler sein. **Größe:** die Widerristhöhe des Rüden ist 63-68 cm, die der Hündin 61-66 cm.

Herkunftsland: Deutschland

Die Stadt Rottweil im süddeutschen Württemberg entstand an der Stelle einer ehemaligen römischen Siedlung. Wahrscheinlich ist, daß der von dort stammende Hund dieses Namens ein direkter Abkömmling jener doggenartigen Tiere ist, die die alten Römer als Treibhunde für Viehherden verwendeten. Hunde dieses Typs lassen sich in vielen Gegenden Europas finden und waren noch im 18. Jahrhundert unter dem Namen Bullenbeißer bekannt. Dies drückte aus, daß sie die Tiere durch einen Biß in die Sprunggelenke in die gewünschte Richtung trieben. In der Schweiz entstanden aus diesen Hunden der Berner Sennenhund, der Große Schweizer, der Appenzeller oder der Entlebucher Sennenhund, ein naher Verwandter ist auch der Deutsche Boxer. Die Einführung der Eisenbahn zu Beginn des 20. Jahrhunderts nahm den Treibhunden ihre Arbeit. Der Rottweiler wurde danach aber rasch zu einem verläßlichen Diensthund.

Beschreibung: Kopf und Schädel: mittellang, der Stop ist markiert, der Nasenrücken gerade und breit an der Wurzel und allmählich schmäler werdend, die Nase immer schwarz; Lefzen schwarz und anliegend, Kiefer mächtig und breit. **Augen:** mittelgroß, mandelförmig und dunkelbraun, mit gut schließenden Lidern. **Ohren:** mittelgroß, überhängend, dreieckig, hoch angesetzt, weit auseinanderstehend, nach vorn gelegt. **Zähne:** kräftiges, vollständiges Scherengebiß. **Hals:** kräftig, mittellang, gut bemuskelt, mit leicht gewölbter Nackenlinie, trocken. **Vorderläufe:** von vorn gesehen gerade, nicht allzu eng aneinander. **Rumpf:** der Hund ist mittelgroß und muskulös, darf nicht ungeschlacht oder leicht, hochläufig und windhundartig sein; Rücken maximal 15 % länger als die Widerristhöhe, gerade und kräftig, Lendenpartie kurz, kräftig und tief, Kruppe breit, mittellang und leicht gerundet, Brust ist geräumig, breit und tief (etwa 50 % der Widerristhöhe), mit gut entwickelter Vorderbrust und gut gewölbten Rippen; die Weichen sind nicht aufgezogen. **Hinterläufe:** gerade, nicht zu eng aneinander; im Stehen bilden die Oberschenkel mit den Hüftbeinen, die Ober- und Unterschenkel sowie die Unterschenkel und Fußrücken einen stumpfen Winkel. **Pfoten:** an den Vorderläufen rund, geschlossen und gewölbt, an den Hinterläufen etwas länger, mit harten Ballen und kurzen, kräftigen schwarzen Krallen ohne Afterkrallen. **Rute:** ist kurz kupiert, sichtbar werden ein oder zwei Schwanzwirbel gelassen. **Haar:** das Deckhaar ist mittellang, dicht und eng anliegend, die Unterwolle tritt nicht hervor. **Farbe:** schwarz mit Brand. **Größe:** die Widerristhöhe des Rüden ist 61-68 cm, die der Hündin 56-63 cm; das Körpergewicht beträgt 42-50 kg.

Herkunftsland: Iran

Dieser elegante, zarte Windhund, dessen Name in seinem Herkunftsland „Windhund" bedeutet, stammt aus den Ebenen, Halbwüsten und
Steppen Mittelasiens. Die Vielzahl der lokalen Formen ist hier unter der
Sammelbezeichnung Tasy bekann, und erst im Laufe des 20. Jahrhunderts wurden aus ihnen sog. Kulturrassen ausgesondert wie Afghan
Hound, Azawakh, Sloughi und Saluki. Der Saluki oder Persische Windhund gelangte dank Sir Hamilton Smith 1840 nach Europa und wurde
als Rarität im Zoo von Regent's Park untergebracht. Die Zucht begann
sich erst nach 1895 zu entwickeln, als Lady Florence Amherst ein Salu-
kipaar nach England brachte und weitere Hunde in Frankreich und
Deutschland auftauchten. In Asien waren sie ausdauernde Läufer, die
ihre berittenen Jäger bei langen Hetzjagden begleiteten, in Europa zeigen sie ihre Fähigkeiten nur bei sportlichen Wettrennen. Sie sind sensibel, empfänglich und zart.

Beschreibung: Kopf und Schädel: lang und schmal, der Schädel ist zwischen den Ohren mäßig breit und nicht gewölbt; der Stop ist nicht markiert, die Nase schwarz oder leberbraun. **Augen:** dunkel bis nußfarben, leuchtend, groß und oval, der Ausdruck ist würdig, freundlich und treu, in die Ferne blickend. **Ohren:** lang, beweglich und nicht allzu tief angesetzt, dem Kopf eng anliegend, herabhängend und mit langem seidigem Haar bedeckt. **Zähne:** kräftiges, regelmäßiges, vollständiges Scherengebiß in starken Kiefern. **Hals:** lang, elastisch und gut bemuskelt. **Vorderläufe:** schräggestellte, nach hinten weisende Schulterblätter, gut bemuskelt; die Läufe sind lang und gerade von den Ellbogen bis zum Mittelfuß; dieser ist kurz und leicht geneigt. **Rumpf:** mäßig breit, die bemuskelten Lenden sind leicht gewölbt, der Brustkorb lang und weit nach hinten reichend. Bauch gut aufgezogen. **Hinterläufe:** merkliche Hüfthöcker, die weit auseinanderstehen, die Knie sind richtig gewinkelt, die Ober- und Unterschenkel gut geformt, die Sprunggelenke tief. **Pfoten:** kräftig, elastisch und mäßig lang, mit langen, gewölbten Zehen, von denen die zwei mittleren immer länger sind; an den Vorderläufen können sie leicht auswärts gedreht sein. **Rute:** tief angesetzt und in leichtem Bogen getragen, aber nicht über dem Rücken, an der Unterseite gut befedert und bis zu den Sprunggelenken reichend. **Haar:** kurz, glatt und seidig, an den Läufen, an der Rückseite der Keulen und am Fußrücken länger, die kurzhaarige Varietät hat nirgends eine längere Befederung. **Farbe:** weiß, cremefarben, hirschrot, goldrot, grizzly, silbrig grizzly, rot grizzly, weiß-schwarz-rot, rot-lohfarben und eine Kombination der angegebenen Farben. **Größe:** die Widerristhöhe des Rüden ist 58,5-71 cm, die der Hündin etwas kleiner.

Herkunftsland: Belgien

Dieser kleine schwarze, schwanzlose Hund aus Flandern ist den belgischen Kynologen zufolge die Verkleinerung eines heute schon unbekannten schwarzen Hütehundes namens Leauvenaar, der als Reisebegleiter verwendet wurde. Möglich ist auch eine Verwandtschaft mit den nordischen Spitzen und Schäferhunden wie dem Västgötaspets. Der Schipperke hat eine ähnliche Geschichte wie der Keeshond, der holländische Bootshund. Auch er „schipperte" mit Bootsleuten durch Flüsse und Kanäle, was offenbar die wirkliche Herkunft seines Namens ist. Unter den Namen „Kleiner Schiffer" oder „Kleiner Kapitän" war er schon Anfang des 16. Jahrhunderts bekannt. Auf einer Ausstellung erschien er erstmals 1880 in Brüssel, und ab 1882 ist er im Stammbuch der Königlichen Gesellschaft St. Hubertus registriert. Er ist ein aufgeweckter, flinker, freundlicher und lautgebender Kleinhund, der auch in Stadtwohnungen als lieber Gesellschafter gesucht ist.

Beschreibung: Kopf und Schädel: fuchsähnlich; die Stirn ist verhältnismäßig breit und verengt sich zu den Augen hin, der Kopf im Profil leicht gerundet und spitz auslaufend; der Fang ist nicht allzu lang, der Stop wenig markiert, die Nase klein. **Augen:** dunkelbraun, voll und mehr oval als rund, weder tiefliegend noch hervortretend; der Blick ist lebhaft und durchdringend. **Ohren:** aufgerichtet, klein und dreieckig, hoch angesetzt; sie haben eine ziemlich kräftige Haut, so daß sie nur längs bewegt werden können; sind sehr beweglich, wenn sie gespitzt werden, und stehen eng beisammen. **Zähne:** passen gut aufeinander. **Hals:** kräftig, aufgerichtete Haltung. **Vorderläufe:** ganz gerade, korrekt stehend und feinknochig. **Rumpf:** schräggestellte und bewegliche Schulterblätter, die Brust ist vorn breit und hinter den Schultern gewölbt und tief, der Bauch aufgezogen, der Rücken gerade und waagrecht, wirkt durch den Haarkragen im Widerrist höher; die Lenden sind breit und mächtig. **Hinterläufe:** sehr breit, lang und gut bemuskelt, die Sprunggelenke tief. **Pfoten:** klein, rund und geschlossen, mit geraden, kurzen und kräftigen Krallen. **Rute:** nicht entwickelt. **Haar:** dicht und hart, an den Ohren glatt, an Kopf, Vorderseite der Läufe und Sprunggelenken kurz, am Rumpf ziemlich kurz, bildet an der Außenseite der Ohren und am Hals eine Art Kranz, der bis auf die Brust herabfällt; längeres Haar ist an der Rückseite der Keulen, wo es sog. Hosen bildet, das Haar ist hier nach innen gedreht. **Farbe:** schwarz ohne jede Beimischung. **Größe:** gibt der Standard nicht an; das Körpergewicht beträgt 3-5 kg oder 5-8 kg; Tiere unter 3 und über 9 kg können keine Ausstellungswertung erhalten.

SCHNAUZER

Herkunftsland: Deutschland

Gemeinsam mit den Spitzen sind die Schnauzer eine ursprüngliche europäische Entwicklungsgruppe, und ihre Geschichte reicht bis in die mittlere Steinzeit zurück. Jahrhundertelang waren sie auf dem Land verbreitet in wirtschaftlichen Anwesen, Gaststätten und Stallungen und begleiteten die Fuhrleute. Die großen Exemplare – die späteren Riesenschnauzer – wurden vor allem im Süden Deutschlands als Treib-, und Fleischerhunde verwendet, die mittelgroßen, sehr vielseitigen Tiere bewärten sich bei der Jagd auf Ratten und als Wächter, und die Zwergschnauzer bildeten das kontinentale Gegenstück zu den englischen Rauhhaarterriern. Bis Ende des 19. Jahrhunderts waren sie Stall- und Hofhunde, erst danach begannen sie in die Gesellschaft einzudringen und wurden auch gefragte Diensthunde, z.B. beim Aufspuren von Drogen. Heute gehören sie zu den verbreitetsten Rassen der Welt.

Beschreibung: Kopf und Schädel: kräftig und langestreckt, ohne ausgeprägtes Hinterhauptbein, Stop ausgeprägt, wird durch die Augenbrauen noch betont, Nasenrücken gerade und parallel zur Oberlinie des Hirnschädels, Nasenpartie keilförmig, Nase ausdrucksvoll und schwarz. **Augen:** dunkel, oval, nach vorn gerichtet, mit gut schließenden Lidern. **Ohren:** hoch angesetzt, V-förmig und gekippt. **Zähne:** kräftig, weiß und gut aufeinanderpassend, vollständiges Scherengebiß. **Hals:** edel gewölbt, kräftig, nicht kurz oder dick, mit gut anliegender Haut. **Vorderläufe:** kräftig, von allen Seiten gerade, mit anliegenden Ellbogen. **Rumpf:** genügend breiter Brustkorb mit flach gewölbten Rippen, in der Unterlinie bis unter die Ellbogen reichend; Vorderbrust gut entwickelt; Unterlinie des Brustkorbs geht in flüssiger Kurve in den aufgezogenen Bauch über, wobei die Entfernung von den letzten Rippen zu den Hüften kurz ist, was den Eindruck eines kompakten, fest aufgezogenen Hundes hervorruft; Rumpf fast so lang wie die Widerristhöhe, Rücken kurz und leicht abfallend, Rückenlinie fällt leicht zur sanft gerundeten Kruppe und zum Rutenansatz ab. **Hinterläufe:** schräggestellte Keulen, Läufe gut bemuskelt, mit ausdrucksvoll gewinkelten Sprunggelenken. **Pfoten:** kurz, rund und gewölbt, mit fest geschlossenen Zehen und starken Ballen, die Krallen sind schwarz. **Rute:** hoch angesetzt und nach oben getragen, wird auf drei Glieder kupiert. **Haar:** grob, drahtig und dicht, mit hochwertiger Unterwolle; hart auch an Kopf und Läufen, an Stirn und Ohren etwas kürzer; Schnurrbart und Augenbrauen liefern den charakteristischen Ausdruck; wird geschoren. **Farbe:** nach den einzelnen Größenschlägen: alle Pfeffer und Salz oder schwarz, a) auch schwarz-silbern oder weiß. **Größe:** Widerristhöhe a) 30-35 cm (klein), b) 45-50 cm (mittel), c) 50-60 cm (groß).

Herkunftsland: Großbritannien

Mehrere Jahrhunderte lang, praktisch bis in die Zeiten der ersten Hundeausstellungen in England zu Beginn der achtziger Jahre des 19. Jahrhunderts, wurden die Terrier in Schottland nur nach der Zugehörigkeit zu einem der Familienclans oder nach ihrem Vorkommen an einem bestimmten Ort unterschieden. So war der spätere Scottish Terrier z.B. bekannt als Die-Hard oder Aberdeen Terrier. Seit den dreißiger Jahren des 19. Jahrhunderts teilte man die Terrier in drei Hauptgruppen ein. Als verwandt galten die späteren West Highland White Terrier, Cairn Terrier und Scottish Terrier. Alle wurden zum Reißen von Schadzeug verwendet, zur Jagd auf Füchse, Dachse und Niederwild sowie auf den Farmen zur Vernichtung von Ratten. Der Scottish Terrier ist ein selbständiger, selbstbewußter, mutiger Hund, der sich gern von den Möglichkeiten seiner Stellung in der Meute und in der Familie überzeugt.

Beschreibung: Kopf und Schädel: lang, aber in Relation zur Gesamtgröße des Hundes; der Hirnschädel ist – bei Aufrechterhaltung der schmalen Gesamterscheinung – genügend breit, fast flach, die Backenknochen treten nicht hervor; der Fang ist kräftig und tief, Hirnschädel und Fang sind gleich lang; der Stop knapp unter den Augen ist leicht markiert, die Nase groß, im Profil nach hinten, zum Kinn zu abfallend. **Augen:** mandelförmig, dunkelbraun und ziemlich weit auseinanderliegend, tief unter den Augenbrauen; der Ausdruck ist lebhaft und intelligent. **Ohren:** klein, dünn, spitz und aufrecht, hoch angesetzt und nicht allzu nahe beieinander. **Zähne:** groß, regelmäßiges und vollständiges Scherengebiß. **Hals:** kräftig, mäßig lang. **Vorderläufe:** lange Schulterblätter, ihre Spitzen nach hinten gerichtet, die Läufe sind starkknochig, der Mittelfuß gerade, die Ellbogen weder ein- noch auswärts gedreht. **Rumpf:** tiefer Brustkorb mit gut gewölbten Rippen, die weit nach hinten reichen; der Rücken ist mäßig kurz, sehr muskulös und gerade, die Lenden sind kräftig und tief. **Hinterläufe:** sehr kräftig, mit starken Oberschenkeln und gut gewinkelten Knien, der Fußrücken ist kurz und kräftig, weder ein- noch auswärts gedreht. **Pfoten:** mäßig groß, die Zehen gewölbt und fest geschlossen, mit vollen Ballen; an den Vorderläufen sind sie etwas größer. **Rute:** mittellang, dick an der Wurzel und zur Spitze hin schmäler werdend, hoch angesetzt und gerade getragen oder leicht nach oben gebogen. **Haar:** fest anliegend, mit kurzer, dichter und weicher Unterwolle und harschem, dichtem und drahtigem Deckhaar. **Farbe:** schwarz, weizenfarben oder in jeder Schattierung gestromt. **Größe:** die Widerristgröße ist 25,4 cm, das Körpergewicht 8,6-10,4 kg.

SEALYHAM TERRIER

Herkunftsland: Großbritannien

Die meisten Terrier auf den britischen Inseln hatten bis zu Beginn des 19. Jahrhunderts „natürliche" Farben (rötlich und braun, black and tan, schwarz oder grau). Die Jäger verlangten aber ausgeprägtere Farbunterschiede, eine Beimischung von Weiß oder Reinweiß. Seit den sechziger Jahren des 19. Jahrhunderts begann man in Wales, zur Fuchsjagd einen weißen Hund vom Typ des späteren Fox Terrier zu verwenden. Es war der Vorläufer des heutigen Sealyham Terrier. Bei seiner Zucht wurden im Laufe der Zeit die Vorgänger des Basset griffon vendéen, Basset fauve de Bretagne, Welsh Corgi, Dandie Dinmont Terrier, Bull Terrier und später des West Highland White Terrier und des rauhhaarigen Fox Terrier eingekreuzt. Auf einer Ausstellung wurde der Sealyham Terrier erstmals 1890 vorgeführt. Heute ist er eine nicht allzu zahlreiche Rasse, vorwiegend ein Begleithund.

Beschreibung: Kopf und Schädel: leicht gewölbt und breit zwischen den Ohren, die Kiefer sind gerade, lang und kräftig, die Nase schwarz. **Augen:** dunkel, gut eingesetzt und mittelgroß, bevorzugt werden dunkel pigmentierte Lidränder. **Ohren:** mittelgroß, an der Spitze leicht gerundet und herabhängend, den Backen anliegend. **Zähne:** groß und kräftig, regelmäßiges Scherengebiß. **Hals:** mäßig lang, kräftig und muskulös. **Vorderläufe:** kurz, kräftig und gerade, von vorn gesehen sind die Schultergelenke in einer Ebene mit den Ellbogen, die dem Körper anliegen. **Rumpf:** mittellang und elastisch, mit geradem Rücken; die Rippen sind gewölbt, der Brustkorb breit und tief, reicht tief zwischen die Vorderläufe herab. **Hinterläufe:** mächtig, die Keulen sind breit und muskulös, die Knie gut gewinkelt, die Sprunggelenke kräftig und parallel. **Pfoten:** rund (katzenartig), mit starken Ballen, zeigen direkt nach vorn. **Rute:** in Rückenhöhe angesetzt und nach oben getragen, wird mäßig kupiert. **Haar:** lang, hart, drahtig und witterungsbeständig, mit dichter Unterwolle. **Farbe:** reinweiß oder weiß mit gelben, braunen und blauen Abzeichen oder mit dachsfarbenen Flecken an Kopf und Ohren; eine ausgeprägte schwarze Punktung ist unerwünscht. **Größe:** die Widerristhöhe ist nicht über 31 cm; das ideale Körpergewicht des Rüden beträgt etwa 9 kg, das der Hündin 8,2 kg.

Herkunftsland: China

Der Shar Pei wurde zu Beginn der siebziger Jahre des 20. Jahrhunderts für die Welt entdeckt, seine neuzeitliche Geschichte ist also sehr kurz. Dennoch handelt es sich um eine außerordentlich alte Rasse. Nach alten chinesischen Handschriften diente er ursprünglich bei der Jagd auf Mungos, später bei der Jagd auf Eber und zur Bewachung der Behausungen, bei Bauernaufständen sogar als Kampfhund. Entwicklungsmäßig steht er wahrscheinlich dem Chow Chow sehr nahe, worauf außer dem ähnlichen Körperbau auch die charakteristische Blaufärbung der Zunge hindeutet. Der Shar Pei fesselt aber auch durch eine bei einer anderen Rasse bisher nicht bekannte „übergroße" Haut, die besonders bei den Welpen unzählige Falten und Runzeln aufweist. Neben den typischen Merkmalen eines recht unergründlichen Charakters muß auch mit größerem Temperament gerechnet werden, besonders, wenn er als Wachhund verwendet wird.

Beschreibung: Kopf und Schädel: Schädel flach, breit, eher groß, Stop klein, Stirn und Wangen mit feinen Falten bedeckt, die in einer schweren Wamme enden; Fang ist mäßig lang, breit, Nase schwarz, groß und breit. **Augen:** dunkel, klein, mandelförmig, bei hellen und cremefarbenen Tieren hell; die tiefliegenden kleinen Augen verleihen dem Hund gemeinsam mit den Falten den charakteristischen ernsten Ausdruck. **Ohren:** klein, verhältnismäßig kräftig, dreieckig, mit leicht gerundeten Spitzen, relativ weit vorn angesetzt, weit auseinander. **Zähne:** kräftiges Scherengebiß; Fangzähne leicht gekrümmt; blauschwarze Zunge. **Hals:** kräftig, mächtig, breit angesetzt, mit schweren Hautfalten und einer mächtigen Wamme. **Vorderläufe:** schräggestellte Schulterblätter gut bemuskelt, Läufe kraftvoll, mäßig lang, starkknochig. **Rumpf:** breiter, tiefer Brustkorb, Rücken relativ kurz, Rumpf von loser Haut bedeckt, die Runzeln und ausgeprägte Falten bildet. **Hinterläufe:** kräftig, gut bemuskelt, tiefliegende Sprunggelenke. **Pfoten:** kompakt, Zehen angezogen. **Rute:** an der Wurzel breit und rund, feine Spitze; erlaubt sind drei Varianten der Rutenhaltung: 1. nach oben geringelt und seitwärts getragen, 2. loser gerollt, 3. aufwärts getragen und über den Rücken gerollt, berührt ihn aber nicht; die dritte Variante ermöglicht dem Hund, freudig mit der Rute zu wedeln. **Haar:** außerordentlich kurz, bürstenartig, ungewöhnlich hart. **Farbe:** einfarbig schwarz, rot, dunkelbraun, hellbraun und cremefarben, oft durchscheinend; Rutenunterseite und Rückseite der Keulen heller gefärbt; es dürfen weder weiße Abzeichen noch Flecke vorhanden sein. **Größe:** Widerristhöhe etwa 40-51 cm; Rüde schwerer als Hündin, von quadratischerem Körperbau.

Herkunftsland: Großbritannien

Im unwirtlichen Klima der Shetlandinseln gedeihen nur eine karge Vegetation, die kleinen Shetlandponys und kleine Schafe, die von kleinen Schäferhunden beaufsichtigt werden, die hier Peerie oder Toomie – Kobolde – heißen. Der Shetland Sheepdog oder Sheltie ist ein ursprünglicher Schäferhund, der – bis auf die Größe – dessen typische Merkmale aufweist: einen keilförmigen Kopf mit spitz zulaufendem unbehaartem Fang und aufgerichtete, nach vorn gekippte Ohren, kurz – eine Miniaturausgabe seines Inselverwandten Collie oder langhaariger Schäferhunde, wie wir sie in Belgien finden. Dank ihrer Isolierung hat sich diese Rasse während vieler Jahrhunderte zu der Erscheinung gefestigt, in der sie die Welt erst 1906 zum ersten Male auf einer Ausstellung erblickte. Der Sheltie ist ein ausdauernder, energischer Arbeitshund und sehr lieb und freundlich. Sein Fell erfordert regelmäßige Pflege.

Beschreibung: Kopf und Schädel: in Form eines stumpfen Keils, ohne hervortretendes Hinterhauptbein; Hirnschädel oben parallel zum Nasenrücken, Stop leicht; Nase, Augenlider und Lefzen schwarz. **Augen**: mittelgroß, schräggestellt, mandelförmig, dunkelbraun. **Ohren**: klein, mäßig breit im Ansatz, oben am Schädel ziemlich nahe beieinander, halb aufgerichtet gehalten. **Zähne**: vollständiges, regelmäßiges Scherengebiß. **Hals**: muskulös, gut gewölbt, genügend lang. **Vorderläufe**: nach hinten gestellte Schulterblätter, Schultergelenke gut gewinkelt, die Unterarme und der untere Teil der Füße fast gleich lang, Läufe sind von vorn gerade, muskulös, trocken, starkknochig. **Rumpf**: etwas länger als Widerristhöhe, Brustkorb tief, Rücken gerade, Kruppe allmählich abfallend. **Hinterläufe**: breite und muskulöse Keulen, Läufe richtig gewinkelt, Sprunggelenke von hinten gerade. **Pfoten**: oval, mit guten Ballen, Zehen gewölbt und geschlossen. **Rute**: hoch angesetzt, bis zu den Sprunggelenken reichend, reich befedert; in Bewegung leicht gehoben, jedoch nicht über Rückenhöhe. **Haar**: doppelt, Deckhaar lang, rauh, gerade, Unterwolle fein, kurz, anliegend. **Farbe**: zobelfarben: rein oder mit Spitzen, von hellgold bis dunkelmahagoni, immer satte Töne; trikolor: sattschwarz am Körper mit satten lohfarbenen (tan) Abzeichen; bluemerle: rein silberblau, gesprenkelt und marmoriert mit schwarz; satte lohfarbene Abzeichen bevorzugt; der Gesamteindruck muß bläulich sein; schwarz und weiß und black and tan: weiße Abzeichen an Blesse, Halskrause und Brust, an den Fransen, Läufen und Rutenspitze. **Größe**: ideale Widerristhöhe des Rüden 14,5 Zoll (37 cm), der Hündin 14 Zoll (35,5 cm), Toleranz 2,5 cm.

Herkunftsland: Tibet

Der Shih-Tzu, dessen Name Löwenhund bedeutet, stammt wie die ihm nahe verwandten Lhasa Apso und Tibetan Terrier aus Tibet. Von dort ist er offenbar irgendwann im 7. Jahrhundert als kostbares Königsgeschenk nach China gelangt. Damit endete praktisch seine Vergangenheit als kleiner Hütehund und Palastwächter, und es begann die lange Karriere als Begleiter und Liebling von Prinzessinnen und Kindern. In China wurde er mit dem Pekingesen und dem Tibetan Spaniel gekreuzt. Dadurch kam es zu einer ausgeprägten Verkürzung und Verkleinerung der Gesichtspartie, wobei der Kopf des Shih-Tzu wegen seiner reichen Behaarung oft mit einer Chrysantheme verglichen wird. Nach Europa gelangte dieser muntere und intelligente, verspielte und doch energische kleine Hund erst 1930.

Beschreibung: Kopf und Schädel: breit und rund, breit auch zwischen den Augen, zottig, mit über die Augen fallenden Strähnen und einem schönen Bart, auch auf dem Nasenrücken wächst das Haar so, daß der charakteristische „Chrysanthemeneffekt" zustande kommt; Fang genügend breit, eckig, schwarz bzw. dunkel bernsteinbraun. Die Obergrenze der Nase liegt in einer Höhe mit dem unteren Augenlid oder knapp darunter. **Augen:** groß, dunkel, rund, an den Seiten liegend, nicht vortretend, mit innigem Ausdruck; bei braunen Hunden heller. **Ohren:** groß, herabhängend; dicht unter dem Scheitel angesetzt, so stark befedert, daß sie sich mit dem Haar am Hals zu vermischen scheinen. **Zähne:** leichter Hinterbiß oder in einer Ebene mit den Lefzen. **Hals:** schön gewölbt, genügend lang für stolze Kopfhaltung. **Vorderläufe:** nach hinten gelegte Schulterblätter, die Läufe sind kurz, muskulös, mit guten Knochen und ganz gerade. **Rumpf:** ein wenig länger als die Widerristhöhe, länger zwischen den Schulterblattgräten, Bauch gut aufgezogen, Brustkorb breit und tief, Schultern fest, Rücken gerade. **Hinterläufe:** kurz, muskulös, mit guten Knochen, von hinten gerade, Keulen gerundet, muskulös; wirken durch die Behaarung sehr mächtig. **Pfoten:** rund, fest, mit guten Ballen, wirken durch die Behaarung größer. **Rute:** hoch angesetzt, stark behaart, fröhlich über dem Rücken getragen. **Haar:** lang, dicht, nicht gelockt, mit guter Unterwolle; leichte Wellung erlaubt. **Farbe:** zulässig sind alle Farben; bei Mehrfarbenen eine weiße Blesse an der Stirn und weiße Rutenspitze höchst erwünscht. **Größe:** Widerristhöhe 10,5 Zoll (26,7 cm) nicht übersteigen; Körpergewicht zwischen 10 und 18 lb (4,5-8,1 kg), ideal ist 10-16 lb (4,5-7,3 kg).

Herkunftsland: USA

Die leichtesten und schnellsten nordischen Schlittenhunde gehörten ursprünglich den Bewohnern der nördlichen Regionen Asiens, die sich „Rentierjäger" nannten. Es ist möglich, daß gerade sie und ihre Hunde vor fast dreißigtausend Jahren die Meerenge zwischen beiden Erdteilen überquerten und die ersten Bewohner Amerikas wurden. Die Grundlagen der neuzeitlichen Zucht dieser Rasse sind tatsächlich in Sibirien zu suchen, von wo der russische Geschäftsmann William Goosak (Gusak) im Jahre 1909 ein Gespann zum berühmten Schlittenrennen „All Alaska Sweepstakes Race" brachte. Diese Hunde, die in Alaska auf den ersten Blick nicht allzu viel Vertrauen erweckten, wurden hier jedoch rasch heimisch und nach Erfolgen in weiteren Rennen, vor allem im Gespann des legendären Leonhard Seppala, zur verbreitetsten Schlittenhunderasse nicht nur In den Vereinigten Staaten.

Beschreibung: Kopf und Schädel: mittelgroß, zu den Augen hin allmählich schmäler werdend; der Fang ist mittellang, Stop ausgeprägt, Nasenrücken gerade, der Fang verjüngt sich zur Nase zu, die bei grauen, lohfarbenen oder schwarzen Hunden schwarz, bei rötlichen leberfarben ist, bei rein weißen fleischfarben, im Winter können an der Nase rosa Streifen auftauchen, die sog. Schneenase; Lefzen gut pigmentiert, schließen dicht. **Augen:** mandelförmig, mäßig groß, braun oder blau gefärbt, evtl. ein Auge blau und das andere braun. **Ohren:** mittelgroß, kräftig und dreieckig, hoch am Kopf angesetzt, an der Rückseite leicht gewölbt, aufgestellt, an den Enden leicht gerundet, auch an der Innenseite gut befedert. **Zähne:** Scherengebiß. **Hals:** mittellang, gewölbt, relativ aufgerichtet getragen. **Vorderläufe:** gerade, parallel, Ellbogen anliegend, feste, schwere Knochen. **Rumpf:** kräftiger Brustkorb, nicht zu tief, reicht höchstens bis zu den Ellbogen, Rippen gut entwickelt, so gewölbt, daß sie freie Bewegung ermöglichen; Rücken kräftig, gerade, mittellang, Lenden straff, trocken, leicht gewölbt. **Hinterläufe:** parallel, gut bemuskelt, Unterschenkel gut geneigt, Sprunggelenke niedrig. **Pfoten:** oval, nicht lang, kompakt, gut behaart auch zwischen Zehen und Ballen. **Rute:** gut befedert, unterhalb der Rückenlinie angesetzt, gewöhnlich in elegantem Bogen über dem Rücken getragen, darf nicht seitwärts gekippt werden oder flach am Rücken liegen. **Haar:** mittellang, mit guter Unterwolle; außerhalb der Wintersaison kann Unterwolle fehlen. **Farbe:** erlaubt sind alle Farbtypen. **Größe:** Widerristhöhe des Rüden 21-23,5 Zoll (53,3-59,7 cm), der Hündin 20-22 Zoll (50,8-55,88 cm); Körpergewicht des Rüden 45-60 lb (20,5-27,2 kg), der Hündin 35-50 lb (15,8-22,6 kg).

Herkunftsland: Großbritannien

Dieser Terrier von der Hebrideninsel Skye in der Nähe Schottlands entstand und arbeitete in einer kargen, bergigen Heidelandschaft, wo er – wenn auch noch nicht als definierte Rasse mit dem heutigen Aussehen – zur Jagd auf Schadwild, Füchse, Dachse, Ottern, Wiesel, Marder und Wildkatzen verwendet wurde. Außer dem Skye Terrier stammt von dieser Insel auch der kleinere West Highland White Terrier. Diese langhaarigen Tiere kamen von hier nach Schottland, wo einige örtliche Formen entstanden, wie der Clydesdale Terrier oder der Paisley Terrier, die sich vom Skye Terrier praktisch nur in der Färbung unterscheiden. Der Skye-Standard wurde 1879 anerkannt, auch wenn Skye und Clydesdale bis 1887 in der gleichen Klasse geführt wurden. Er erkennt nur seinen Herrn an, zu dem er überraschend sanft sein kann, zeigt aber kein Interesse an Unbekannten, sofern er nicht mit Wachdiensten betraut wird.

Beschreibung: Kopf und Schädel: lang, kräftig, Hirnschädel mäßig breit und verjüngt sich am Fang leicht; Stop markiert, Nase schwarz. **Augen:** braun, am besten dunkel, mittelgroß, ziemlich nahe beieinander, ausdrucksvoll. **Ohren:** aufgerichtet oder herabhängend; Stehohren hübsch behaart, nicht allzu groß, an den Außenrändern senkrecht, die Innenränder fallen leicht gegeneinander; Hängeohren größer, gerade, flach herabhängend, mit den Innenrändern den Backen anliegend. **Zähne:** perfektes, regelmäßiges Scherengebiß in kräftigen Kiefern. **Hals:** lang, leicht gewölbt. **Vorderläufe:** breite, dem Brustkorb eng anliegende Schulterblätter, Läufe kurz, muskulös. **Rumpf:** lang und niedrig, Rücken gerade, Brustkorb oval, tief, lang, Lenden kurz; Flanken wirken durch das gerade herabfallende Haar flach. **Hinterläufe:** kräftig, muskulös, gut entwickelt, richtig gewinkelt, kurz und von hinten gerade. **Pfoten:** an den Vorderläufen größer, Ballen voll, Krallen kräftig. **Rute:** nach unten getragen verläuft sie an der Spitze in einem Bogen; wird sie höher getragen, dann in Rückenhöhe und ganz gerade; ist gut befedert. **Haar:** doppelt, Unterwolle kurz, dicht, weich, Deckhaar lang, hart, glatt, flach anliegend, ohne Locken, am Kopf kürzer und weicher, bildet über der Gesichtspartie und den Augen einen Schleier und verschmilzt mit der seitlichen Behaarung; an den Ohren Fransen. **Farbe:** schwarz, hell- oder dunkelgrau, cremefarben, immer mit schwarzen Spitzen an den Ohren und in der Gesichtspartie; jede Färbung mit gleichfarbenen Spitzen zulässig, sofern Ohren und Nase schwarz sind; kleiner weißer Fleck an der Brust gestattet. **Größe:** ideale Widerristhöhe 25-26 cm, die Gesamtlänge von der Nasen- bis zur Rutenspitze 103 cm.

Herkunftsland: Slowakei

Der Slovenský Čuvac ist ein großer weißer Hirtenhund, der im Gebiet des nordwestlichen Ausläufers des Karpatenmassivs, im Gebirgsvorland und an den Hängen der Hohen und Niederen Tatra, teilweise in den mährischen Beskiden vorkommt. Gehalten wurde er vorwiegend in von Walachen besiedelten Dörfern, einer ethnischen Gruppe vom Fuß der Transsilvanischen Alpen. Diese hatten sich in ihrer neuen Umgebung die Besonderheiten ihrer Lebensweise bewahrt, was auch ihre Hunde betraf. Ein relativ einheitlicher Typ von Hirtenhund ist vom ungarischen Kuvasz über den Polnischen Niederungshütehund bis zum Cane da Pastore Maremmano-Abruzzese und dem Pyrenäen-Berghund zu finden. Um die Erhaltung des weißen Hirtenhundes der ehemaligen Tschechoslowakei hat sich vor allem Prof. A. Hrůza aus Brno (Brünn) verdient gemacht. Die Rasse wurde 1965 international anerkannt.

Besccchreibung: Kopf und Schädel: kräftiger länglicher Schädel, Hirnschädel breit, Stirn sichtbar, Hinterhauptbein merklich; Stop sanft, Nasenrücken gerade, Fang kräftig, breit; Lefzen schließen dicht, schwarz pigmentiert. **Augen:** dunkelbraun, oval, gerade, Ausdruck munter, Lider anliegend, schwarz. **Ohren:** hoch angesetzt, beweglich, eher kurz, V-förmig. **Zähne:** vollständiges Scherengebiß. **Hals:** gerade angesetzt, hoch getragen, so lang wie der Kopf, beim Rüden sehr mächtig, mit Mähne. **Vorderläufe:** senkrecht, gerade, mit guter Winkelung, hoch, kräftig. **Rumpf:** breite Vorderbrust, Brustbein in einer Linie mit Schultergelenken, Brustkorb tief, Rücken gerade und kräftig, Lenden leicht gewölbt, muskulös, fest, Bauch und Weichen sanft aufgezogen. **Hinterläufe:** breite, muskulöse Keulen, Unterschenkel schräg, lang, gut bemuskelt, Sprunggelenke stumpf gewinkelt, Fußrücken kürzer, senkrecht. **Pfoten:** kräftige Zehen und Krallen, fest gewölbt, geschlossen, gut befedert, mit starken Ballen, die hinteren etwas länger. **Rute:** niedriger angesetzt, in Ruhe gerade herabhängend, reicht bis zur Fußwurzel, beim Laufen in einem Bogen über Lendenhöhe erhoben. **Haar:** dicht, zottig, ohne Scheitel am Rücken und Fransen an Rute und Rückseite der Keulen, die Rüden haben eine Mähne; an Läufen und Kopf Haar kurz und anliegend, am Körper 5-15 cm lang, bildet am Rücken einige charakteristische Wellen; Unterwolle voll. **Farbe:** weiß, am Ansatz der Ohren Gelbschimmer zulässig, aber nicht erwünscht; sichtbare gelbe Flecke unzulässig. **Größe:** Widerristhöhe des Rüden 62-70 cm, der Hündin 59-65 cm; Körpergewicht des Rüden 36-44 kg, der Hündin 31-37 kg.

Herkunftsland: Irland

Die irischen Farmer, aus denen regelmäßig auch Jäger wurden, schätzten bei ihren Hunden mehr als die äußere Erscheinung eine allseitige Verwendbarkeit. Diese sollte die Vernichtung von Ratten und den Schutz vor Schadzeug umfassen, sowie eine gute Leistung bei der Jagd, auch wenn sie nur Niederwild betraf. Daher ist nicht verwunderlich, daß bis Ende des 19. Jahrhunderts die örtlichen Formen, die wir heute als Irish Terrier, Kerry Blue Terrier, Irish Glen of Imaal Terrier und Irish Soft-Coated Wheaten Terrier kennen, nicht konsequenter unterschieden wurden. Die Weizenfarbe ist ebenfalls späteren Datums, früher kam bei dieser Rasse auch Blau und Blau mit Brand vor. Als selbständige Rasse wurde dieser Terrier erst 1937 anerkannt, gehört aber bis heute außerhalb seines ursprünglichen Verbreitungsgebietes zu den wenig zahlreichen Rassen. Gehalten wird er vorwiegend als Gesellschaftshund.

Beschreibung: Kopf und Schädel: lang und mäßig groß für den Körper, der Hirnschädel flach, zwischen den Ohren nicht allzu breit, symmetrisch, der Stop ist zu erkennen, die Kiefer sind kräftig; der Kopf ist insgesamt kräftig, aber nicht grob. **Augen:** dunkelnußbraun, nicht allzu groß, nicht vortretend und gut positioniert. **Ohren:** klein bis mittelgroß, in Schädelhöhe nach vorn gekippt; dunkle Haarspitzen an den Ohren gestattet; unerwünscht sind nach hinten liegende (Rosenohren) oder leichte (Wedelohren). **Zähne:** groß, Zangen- oder Scherengebiß, ohne Vor- oder Hinterbiß. **Hals:** mäßig lang, kräftig und ohne Wamme. **Vorderläufe:** von allen Seiten gesehen ganz gerade, mit guten Knochen und muskulös. **Rumpf:** kompakt, nicht allzu lang, mit kurzen, kräftigen Lenden; der Brustkorb ist tief, die Rippen sind gut gewölbt. **Hinterläufe:** gut entwickelt, mit kräftigen Muskeln und Keulen, die Sprunggelenke sind tief, weder ein- noch auswärts gedreht, die Fußrücken gut gewinkelt. **Pfoten:** klein und geschlossen; schwarze Krallen werden bevorzugt, doch ändert sich ihre Färbung mit der Fellfarbe. **Rute:** gut angesetzt, nicht allzu kräftig, fröhlich getragen; wird auf 1/3 der Gesamtlänge oder hinter dem sechsten Schwanzwirbel so kupiert, daß sie im Gleichgewicht mit den Proportionen des Hundes ist. **Haar:** weich und seidig, nicht grob, eine Schur ist gestattet. **Farbe:** verschiedene Schattierungen von Hellweizenfarben bis Goldrot. **Größe:** die Widerristhöhe des Rüden ist 18-19 Zoll (45,7-48,3 cm), die der Hündin etwas geringer; das Körpergewicht des Rüden beträgt 35-40 lb (15,9-18,1 kg), das der Hündin etwas weniger.

Herkunftsland: Schweiz

Die Zucht der St. Bernhardshunde ist mit dem Namen des Gründers des Klosters auf dem gleichnamigen Alpenpaß, Bernhard von Menthon (996-1081), verbunden, doch steht nicht fest, ob diese großen doggenartigen Hunde, Nachkömmlinge römischer Molosser, bereits während seines Wirkens dort gezüchtet wurden oder erst zwischen 1660 und 1670, nach dem großen Brand, als die Augustiner das Hospiz rekonstruierten. Nach erhaltenen Aufzeichnungen haben die Hunde aus dem Kloster in den letzten dreihundert Jahren etwa zweitausend verirrte Wanderer gefunden. Zu den berühmtesten gehörte der legendäre Barry, der bis zu seinem Tode (1814) 41 Menschen rettete. Nach einer Krise in der Zucht am Ende des 19. Jahrhunderts wurde die Zuchtgrundlage mit Neufundländerblut gestärkt. Vom Charakter her ist der Bernhardiner ruhig und würdig, bei guter Erziehung freundlich und lustig, als Wachhund mutig und konsequent.

Beschreibung: Kopf und Schädel: mächtig, wirkungsvoll, breit am Hirnschädel, leicht gewölbt, mit mächtigen Backen; Hinterhauptbein leicht markiert, Stop steil, an der Stirn verläuft eine Furche bis zum Hinterhauptbein; die Haut an der Stirn ist runzlig, doch dürfen die Falten dem Tier keinen finsteren Ausdruck verleihen; Fang relativ kurz, so hoch wie lang oder höher; Nasenrücken gerade, manchmal leicht eingedrückt; obere Lefzen kräftig, untere nicht zu überhängend, Nase kräftig, breit, mit geöffneten Nüstern. **Augen:** eher nach vorn gerichtet, mittelgroß, dunkelbraun, eher tiefliegend; Ausdruck klug und freundlich. **Ohren:** herabhängend, mittelgroß, ziemlich hoch angesetzt, am Ansatz leicht abstehend, dreieckig, an der Spitze leicht gerundet. **Zähne:** sehr kräftig, vollständiges Scherengebiß. **Hals:** hoch angesetzt, kräftig, kann leichte Wamme haben. **Vorderläufe:** schräge, breite Schulterblätter, muskulöse, kräftige Schultern, Läufe kräftig, muskulös, mit guten Knochen, gerade. **Rumpf:** gut gewölbter, mäßig tiefer Brustkorb, nicht bis unter die Ellbogen reichend, Rücken breit und gerade bis unter die Lenden, an der Kruppe leicht abfallend. **Hinterläufe:** mit muskulösen Oberschenkeln. **Rute:** breit, kräftig, lang, sehr schwer, in der Ruhe nach unten getragen, nur im letzten Drittel leicht angehoben und gekrümmt, in Erregung höher, doch nie über dem Rücken. **Haar:** kurz oder lang; das kurze ist sehr dicht, anliegend und hart, das lange mittellang, glatt oder gewellt, nicht lockig, zottig oder zu lang. **Farbe:** Weiß mit Rot oder Rot mit Weiß, Rot kann verschiedene Schattierungen haben; an Brust, Läufen und Rutenspitze weiße Abzeichen, am Hals ein weißer Kragen, Weiß ist auch an Fang, Stirn und Nacken. **Größe:** nicht definiert.

Herkunftsland: Rußland

Der russischer Schwarze Terrier wurde in der sowjetischen Armeestation „Roter Stern" gezüchtet, und zwar in erster Linie durch Kreuzung des Airedale Terrier mit dem schwarzen Riesenschnauzer und in zweiter Linie dann des schwarzen Riesenschnauzers mit dem Rottweiler. Beide Linien wurden schließlich miteinander gekreuzt, und es entstand so der im Körperbau größte und mächtigste Terrier mit einem längeren, groben Haarkleid. Er zeigt beträchtlichen Mut und Schärfe und erreicht bei erfahrener Führung gute Abrichtungsergebnisse, eignet sich vor allem als Dienst- und Wachhund. Durch sorgfältige Schur läßt sich eine sehr wirkungsvolle Erscheinung erzielen.

Beschreibung: Kopf und Schädel: der Kopf ist lang, relativ schmal am Hirnschädel und gerundet in der Partie der Jochbögen, die Stirn ist flach, der Stop ausgeprägt, der Fang kraftvoll und der Nasenrücken gerade; der Bart verleiht der Schnauze ein stumpfkantiges Aussehen; die Lefzen sind fleischig und gut schließend. **Augen:** klein, oval, schräggestellt und dunkel gefärbt. **Ohren:** hoch angesetzt, gekippt, verhältnismäßig klein und dreieckig, mit den Außenrändern an den Backen anliegend. **Zähne:** fest, weiß, Scherengebiß. **Hals:** lang, fest und trocken, bildet mit der Horizontalen einen Winkel von 45°. **Rumpf:** breite, tiefe Brust, der Rücken ist fest, breit und muskulös, die Lenden sind kurz, breit, bemuskelt und leicht gewölbt, die Kruppe breit, bemuskelt und leicht abfallend. **Gliedmaßen:** die vorderen Läufe sind gerade und parallel, genau wie die hinteren, die etwas weiter auseinanderstehen und kräftige Oberschenkel aufweisen; sie sind lang und zeigen schräg nach hinten. **Pfoten:** groß und rund, mit gewölbten Ballen. **Rute:** hoch angesetzt, kräftig, kurz kupiert (auf die Länge von 3-4 Wirbeln). **Haar:** rauh, dicht, brüchig und anliegend, bis 10 cm lang, bildet an Schnauze und Kinn einen Bart, an Hals und Widerrist eine Art Mähne; die vorderen Läufe sind unter den Ellbogen und die hinteren unter den Knien länger und gröber befedert. **Farbe:** schwarz oder schwarz mit grauen Haaren. **Größe:** die Widerristhöhe des Rüden ist 66-72 cm, die der Hündin 64-70 cm; der Index des Körperformats ist 100:105.

Herkunftsland: Tibet

Es scheint fast unglaublich, aber dieser kleine Tibetan Spaniel – der aus entwicklungsmäßiger Sicht weder mit den jagdlichen Spaniels aus Großbritannien noch mit den kleinen kontinentalen Spaniels etwas gemein hat – ist eine Miniaturform der gewaltigen Tibet-Dogge, Do-Khyi. In Tibet trieb er wie die kleinen Formen Lhasa Apso und Shih-Tzu Gebetsmühlen an und bewachte Klöster, wanderte als kostbares Geschenk oft auch nach China. Er beteiligte sich dort in erheblichem Maße auch an der Gestaltung des Pekingesen. Spaniel nannte man ihn erst nach 1905, als er durch F. Wormald nach England gelangte. Eine europäische Zucht wurde erst nach dem Zweiten Weltkrieg begründet, doch handelt es sich bis heute um eine relativ seltene Rasse. Freunde schafft er sich durch seinen lieben Charakter, In dem Elemente der typisch orientalischen Unabhängigkeit zum Ausdruck kommen, er ist lebhaft und munter, ein idealer Begleiter für die Stadt.

Beschreibung: Kopf und Schädel: im Verhältnis zum Körper klein, jedoch stolz getragen; beim Rüden männlicher Ausdruck, aber nicht grob, Schädel leicht gewölbt, mäßig breit und lang, Stop leicht, aber ausgeprägt, Fang mittellang, mit stumpfem Ende und faltenlos, Kinn breit und tief; Nase schwarz. **Augen:** dunkelbraun, oval, klar und ausdrucksvoll, mittelgroß, ziemlich weit auseinanderliegend, aber nach vorn blickend und schwarz umrahmt. **Ohren:** mittelgroß und herabhängend, bei erwachsenen Hunden gut befedert, ziemlich hoch angesetzt und leicht vom Kopf abstehend, sie dürfen aber nicht „fliegen". **Zähne:** leichter Hinterbiß, wünschenswert ist vollständiges Gebiß, bei geschlossenem Maul sind weder die Zähne noch die Zunge zu sehen. **Hals:** mäßig kurz, kräftig und gut positioniert, mit langhaariger Mähne, die bei Rüden ausdrucksvoller ist als bei Hündinnen. **Vorderläufe:** mit mäßigen Knochen, leicht gekrümmt, aber fest in den Schultern, Schulterblätter liegen gut. **Rumpf:** etwas länger als die Widerristhöhe, Rippen elastisch, Rücken gerade. **Hinterläufe:** stabil und kräftig, mit tiefen Sprunggelenken, von hinten gesehen gerade, in den Knien leicht auswärts gedreht. **Pfoten:** hasenartig, klein und ansehnlich, behaart auch zwischen den Zehen und über sie hinweg. **Rute:** hoch angesetzt, reich zu einem Schopf befedert und in Bewegung fröhlich über den Rücken gerollt getragen. **Haar:** seidig, glatt in der Gesichtspartie und an der Vorderseite der Läufe, mäßig lang am Körper, anliegend; Unterwolle fein und dicht; Ohren und Rückseite der Vorderläufe weisen Fransen auf, Rute und Kruppe sind lang befedert, wobei die Hündinnen weniger behaart sind als die Rüden. **Farbe·** alle Farben und Farbkombinationen sind gestattet. **Größe:** Widerristhöhe etwa 25,4 cm (10 Zoll).

Herkunftsland: Japan

Tosa, früher Nihon Inu – Japanhund – genannt, erinnert in seiner Erscheinung an andere große doggenartige, molossoide Rassen, vor allem den Fila Brasileiro und den Mastiff, doch seiner Herkunft nach ist er ein asiatischer Spitz wie der Akita oder Chow Chow. Diese alte Rasse, schon im 12. Jahrhundert im Zusammenhang mit den Kriegen der Shoguns gegen die Erneuerung der Kaisermacht erwähnt, wurde Ende des 19. Jahrhunderts mit doggenartigen Rassen europäischen Ursprungs gekreuzt, vor allem mit dem englischen Mastiff, der Deutschen Dogge, dem englischen Bulldog und dem St. Bernhardshund, aber auch mit Laufhunden des Typs Hubertushund-Bloodhound. Der ursprünglich mittelgroße Hund wurde für Samuraikämpfe verwendet, in moderner Zeit übernahm er die Rolle eines Wächters, der sich durch Mut, Selbständigkeit und Würde auszeichnet. In häuslicher Umgebung kann er Ergebenheit und Liebe aufbringen.

Beschreibung: Kopf und Schädel: groß und mächtig, breit und gewölbt, der tiefe Fang hat einen geraden Rücken, die Nase ist groß und schwarz, mit gut entwickelten Nüstern, der Stop markiert; Kiefer und Zähne sind kräftig. **Augen:** verhältnismäßig klein, leicht vorstehend. **Hals:** muskulös, die Haut bildet eine Wamme. **Rumpf:** der Rücken ist gerade, breit und muskulös, der Brustkorb leicht rundlich, die Brust breit, die Bauchlinie fest. **Gliedmaßen:** die vorderen starkknochig, gerade, gut bemuskelt, die hinteren mit gut entwickelten Keulen und richtig gewinkelt. **Pfoten:** kräftig und geschlossen, mit gut gewölbten Zehen und kräftigen, kleinen Krallen, die Ballen fest. **Rute:** hoch angesetzt, kräftig an der Wurzel und allmählich schmäler werdend, nach unten getragen und bis zu den Sprunggelenken reichend. **Haar:** kurz, hart und gerade. **Farbe:** ideal ist fahlgelb. **Größe:** die Widerristhöhe des Rüden ist mindestens 60,5 cm, die der Hündin mindestens 45,5 cm.

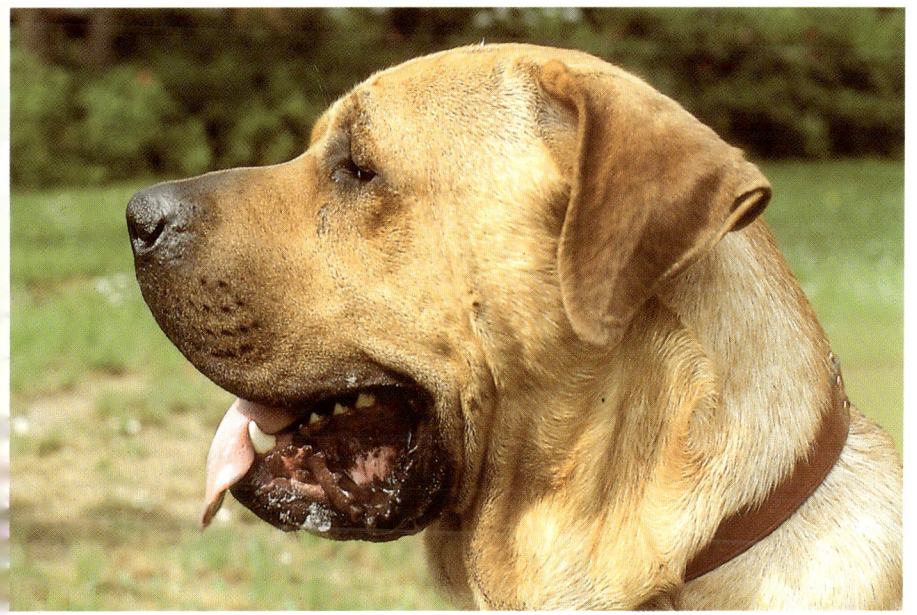

Herkunftsland: Deutschland

Dieser besonders gefärbte graue Vorstehhund mit einem Stich ins Violette und mysteriösen phosphoreszierenden Augen tauchte im ersten Viertel des 17. Jahrhunderts am Hofe des Herzogs von Weimar auf, ohne daß je geklärt worden wäre, woher er kam und woher seine kuriose Färbung stammt. Man nimmt an, daß in der Zucht die heute schon ausgestorbenen grauen Bracken Ludwigs des Heiligen verwendet wurden, die heute vor allem durch den Hubertushund-Bloodhound repräsentiert werden. Sehr wahrscheinlich ist das Vorhandensein von Blut deutscher mittelgroßer Laufhunde. Einige Merkmale weisen auch auf den Pointer hin bzw. auf den spanischen Bracce de Punta. Durch strenge Zuchtwahl wurde eine Festigung der typischen Merkmale des Weimaraners erreicht, den wir als kurz- und langhaarigen Schlag kennen. Ein vielseitiger Jagdhund, ausgezeichnet in der Spurensuche und in seinem Wesen lieb und freundlich.

Beschreibung: Kopf und Schädel: proportioniert; Fang lang, mächtig, im Profil fast eckig, Nasenrücken gerade, bisweilen sanft gewölbt, Stop unmerklich; Lefzen fleischfarben, Backen muskulös, Kopf trocken, Nase dunkel fleischfarben, nach hinten zu ins Graue gehend. **Augen:** dunkel bis hell bernsteinfarben, rund, etwas schrägstehend, mit intelligentem Ausdruck. **Ohren:** breit, lang, bis zu den Mundwinkeln reichend, an der Spitze gerundet, hoch und schmal angesetzt. **Zähne:** mächtig, tadellos. **Hals:** edel, muskulös, fast rund. **Vorderläufe:** Schulterblätter mit kräftigen Muskeln, Läufe hoch, nicht weit auseinander, sehnig, gerade, parallel, frei anliegend. **Rumpf:** muskulös, mächtig, nicht zu breit, ziemlich tief, bis zu den Ellbogen reichend, gewölbt, mit langen Rippen, Rücken eher lang, gerade, fest, muskulös. **Hinterläufe:** von der Hüfte zu den Sprunggelenken lang, richtig gewinkelt, sehnig, muskulös, gerade, parallel. **Pfoten:** mächtig, geschlossen, mit gewölbten Zehen und hell- bis dunkelgrauen Krallen, Ballen gut geformt. **Rute:** wird kupiert, unterhalb der Rückenlinie angesetzt, herabhängend getragen, in Aktion gehoben. **Haar: Kurzhaar:** fein, hart, mit längerem Deckhaar und dichter Unterwolle (sog. Stockhaar), glatt anliegend; **Langhaar:** weich, mit oder ohne Unterwolle, glatt oder gewellt, am Rücken 3 bis 5 cm lang, an Halsunterseite, Vorderbrust und Bauch länger, an der Rückseite der Läufe, Ohren und Rutenunterseite lang. **Farbe:** silber-, reh- oder mausgrau und Übergänge zwischen diesen Schattierungen; Haar an Kopf und Rutenunterseite gewöhnlich heller; minimale weiße Abzeichen an Brust und Zehen zulässig. **Größe:** Widerristhöhe des Rüden 59-70 cm, der Hündin 57-65 cm.

Herkunftsland: Großbritannien

Der Welsh Corgi Pembroke gelangte Anfang des 12. Jahrhunderts nach Wales, als Heinrich I. flämische Weber ins Land rief. Ihr Hütehund steht dem heutigen Schipperke oder Keeshond sehr nahe. Die Farmer in der benachbarten Grafschaft Cardigan verwendeten einen sehr ähnlichen Hund keltischer Herkunft. Etwa in der Mitte des 19. Jahrhunderts begannen die Bewohner Cardigans, Welpen in die Grafschaft Pembroke zu verkaufen, und so kam es zu einer Blutannäherung der beiden Rassen mit übereinstimmender Arbeisfunktion – dem Treiben von Viehherden. Beiden gab man den gemeinsamen Namen keltischen Ursprungs – Corgi. Bis 1925 wurden beide Rassen in England gemeinsam ausgestellt, seit 1927 getrennt. Das Hauptunterscheidungsmerkmal des Cardigan ist das Fehlen der Rute. Der freundliche Hund hat seinen Weg auch an den englischen Königshof gefunden.

Beschreibung: Kopf und Schädel: fuchsartig, Fang verjüngt sich zur Nase hin allmählich; Unterkiefer kräftig. **Augen:** mittelgroß und klar, mit freundlichem und wachsamem Ausdruck, verhältnismäßig weit auseinanderliegend; bevorzugt dunkel; Augenlider dunkel; blaue oder blau gestromte Augen nur beim blaumarmorierten Schlag gestattet. **Ohren:** aufgerichtet, relativ groß und so zurückgesetzt, daß sie in ganzer Länge auf den Hals gelegt werden können; die Spitzen sind leicht gerundet. **Zähne:** kräftig, Scherengebiß. **Hals:** muskulös, für die Größe des Hundes gut entwickelt und harmonisch in die schräggestellten Schultern übergehend. **Vorderläufe:** kurz, doch hat der Körper noch genügend Bewegungsfreiheit; Ellbogen liegen dem Brustkorb seitlich eng an; Unterarme leicht gebogen, um sich der Wölbung des Brustkorbs anzupassen, Pfoten etwas nach außen gedreht. **Rumpf:** Brustkorb leicht breit, mit betontem Brustbein, Rumpf relativ lang, kräftig, mit tiefer Brust und gut gewölbten Rippen, Rücken gerade. **Hinterläufe:** kurz und kräftig, gut gestellt und gewinkelt, mit muskulösen Ober- und Unterschenkeln, Fußrücken senkrecht. **Pfoten:** rund, geschlossen und verhältnismäßig groß; Afterkrallen müssen entfernt werden. **Rute:** fuchsähnlich, in Rückenhöhe angesetzt, mittellang, fast oder ganz bis zum Boden reichend; wird in der Ruhe tief getragen, bei Bewegung leicht über die Rumpfhöhe gehoben, nicht über den Rücken geringelt. **Haar:** kurz oder mittellang, hart, witterungsbeständig, mit guter Unterwolle; bevorzugt wird glattes Haar. **Farbe:** kann beliebig sein, mit oder ohne weiße Abzeichen, doch darf Weiß nicht dominieren. **Größe:** ideale Widerristhöhe 30 cm.

Herkunftsland: Großbritannien

Der Welsh Terrier ist offenbar eine der ältesten und ursprünglichsten Rassen englischer Terrier. Ein Hund analoger Erscheinung und Arbeitseigenschaften wurde schon 1450 in einem walisischen Poem beschrieben. Von einer Rasse des Welsh Terrier kann mit Sicherheit um das Jahr 1750 gesprochen werden, als eine Familie Jones aus Nordwales bei der Jagd auf Bergfüchse in Merionetshire und Caernarvonshire neben Otterhounds auch Arbeitsterrier mit der charakteristischen Färbung black and tan verwendete. Der Welsh Terrier ist also offenbar der Vorläufer des Fox Terrier und anderer, wie Lakeland Terrier und Airedale Terrier. Die erste Bewertung in England erhielt er schon 1885, doch war er 1887 noch so unbekannt, daß man ihn lediglich mit dem Irish Terrier verglich, von dem er sich angeblich nur in der Farbe unterschied. Bis heute ist er ein unauffälliger, aber zuverlässiger und leistungsfähiger Jagdhund geblieben.

Beschreibung: Kopf und Schädel: flach und mäßig breit zwischen den Ohren; die Kiefer sind kräftig und ausgeprägt, eher tief, der Stop nicht allzu sehr markiert, die Nase schwarz. **Augen:** klein, gut positioniert und dunkel, drücken Temperament aus; runde, vortretende Augen sind unerwünscht. **Ohren:** V-förmig und gut angesetzt, mit nicht allzu dünner Haut, nach vorn gekippt und den Backen anliegend. **Zähne:** regelmäßiges Scherengebiß in kräftigen Kiefern. **Hals:** mäßig lang und kräftig, leicht gewölbt. **Vorderläufe:** lang, bemuskelt und starkknochig, mit geradem, kräftigem Mittelfuß. **Rumpf:** kurzer Rücken, gut entwickelte Rippen, kräftige Lenden, der Brustkorb tief und genügend breit. **Hinterläufe:** kräftig und starkknochig, die Keulen muskulös und mäßig lang, mit gut geneigten, tiefen Sprunggelenken. **Pfoten:** klein, rund und katzenartig. **Rute:** gut angesetzt, nicht allzu vergnügt getragen und gewöhnlich kupiert. **Haar:** drahtig, hart, geschlossen und reich; ein Haarkleid ohne Unterwolle ist unerwünscht. **Farbe:** bevorzugt wird Schwarz mit Brand (black and tan) oder Schwarzgrau (grizzly) mit Brand, ohne Schwarz an den Zehen; Schwarz unterhalb der Sprunggelenke ist höchst unerwünscht. **Größe:** die Widerristhöhe sollte nicht über 15 1/2 Zoll (39 cm) sein; das Körpergewicht liegt zwischen 20-21 lb (9 und 9,5 kg).

Herkunftsland: Großbritannien

Dieser weiße Terrier ist heute vor allem durch das Etikett des schottischen Whiskys Black and White bekannt, auf dem er das Gegenstück zum schwarzen Scottish Terrier ist. Früher war er jedoch nicht jener schneeweiße Liebling, sondern gehörte zur Gruppe der rauhhaarigen Arbeitsterrier aus Schottland. Seine Zucht wird mit dem Malcolm-Clan aus Poltalloch in Argyllshire verknüpft, und er ist auch als Highlander, Westie, Pittenwee oder Roseneath Terrier bekannt. Schon vor dreihundert Jahren schickte angeblich James I. sechs kleine weiße „Erdhunde" aus Argyllshire als Geschenk an den französischen König Ludwig XIII. Die weiße Farbe wurde bei der Zucht aus rein praktischen Gründen bevorzugt, damit die Hunde vom gejagten Wild leicht zu unterscheiden sind. Weltweite Beliebtheit errang der weiße Terrier nicht nur durch sein Äußeres, sondern auch durch seine originelle, fröhliche und verspielte Wesensart, seine Ergebenheit und Treue.

Beschreibung: Kopf und Schädel: leicht gewölbter Schädel, der zwischen den Augen ewa genauso breit ist wie zwischen den Ohren; der Fang ist nur leicht zugespitzt; der Kopf wird im rechten oder einem kleineren Winkel zur Halsachse getragen; die Gesichtspartie verengt sich zur Nase hin allmählich, der Stop ist ausgeprägt, die Kiefer sind kräftig und gerade, die Nase schwarz. **Augen:** weit auseinanderliegend, mittelgroß und leicht im Schädel versenkt, nicht vortretend, möglichst dunkel, mit scharfem und intelligentem Ausdruck; hellere Augen sind unerwünscht. **Ohren:** klein, aufgerichtet und fest getragen, oben in scharfen Spitzen auslaufend, weder allzu seitlich noch sehr nahe beieinander angesetzt; das Haar auf ihnen ist kurz und samtig und wird nicht geschnitten, an der Spitze sind keine Fransen. **Zähne:** groß, regelmäßiges Scherengebiß. **Hals:** genügend lang und muskulös. **Vorderläufe:** kurz, gerade und muskulös, dicht mit kurzem Haar bedeckt. **Rumpf:** kompakt, der Rücken gerade, die Lenden breit und kräftig, der Brustkorb groß, die Rippen gut gewölbt, die hinteren Rippen ziemlich tief. **Hinterläufe:** kräftig und muskulös, die Keulen breit, aber nicht grob, die Sprunggelenke gut gewinkelt, im Stehen und in der Bewegung zueinander ziemlich geschlossen. **Pfoten:** an den vorderen Läufen größer als an den hinteren, rund, der Gesamtgröße angemessen und kräftig, mit dicken Ballen und kurz behaart. **Rute:** 5-6 Zoll (12,7-15,4 cm) lang, von hartem Haar ohne Fransen bedeckt und möglichst gerade, fröhlich getragen, doch nicht über dem Rücken. **Haar:** doppelt, das Deckhaar ist hart, etwa 2 Zoll (5 cm) lang und ohne Locken, die Unterwolle kurz, weich und geschlossen. **Farbe:** weiß. **Größe:** die Widerristhöhe beträgt im Durchschnitt 11 Zoll (28 cm).

WHIPPET

Herkunftsland: Großbritannien

Der Whippet entstand durch Kreuzung des Greyhound mit einigen Terriern vom Typ Manchester Terrier, Bedlington und Fox Terrier für das snap-dog coursing, bei dem Kaninchen auf einer geschlossenen Bahn verfolgt wurden. Im Vorteil waren dabei kleinere, leichtere, wendigere und schnellere Windhunde. Seit 1894 nahmen sie an Handicaprennen teil, allerdings nicht als Wettkämpfer, sondern „Köder" für die konkurrierenden Greyhounds. Auf dem Kontinent schickte man sie hinter einem künstlichen Köder auf einer Rolle ins Rennen. Der Whippet ist im Ansetzen, Blitzstart und gewaltigen Beschleunigen nicht zu schlagen. Auf kurzen Strecken – 200 yards – erreicht er eine Geschwindigkeit von etwa 55 km/h. Auf einer Ausstellung erschien er das erste Mal 1891 noch als „Snap Dog". Anerkannt wurde er 1895. Außerhalb seiner gewohnten Umgebung gibt er sich relativ scheu bis mißtrauisch, zu Hause ist er lieb und freundlich.

Beschreibung: Kopf und Schädel: lang und schmal, der Hirnschädel ist flach, zum Fang hin mit Verjüngung, der Stop leicht; zwischen den Augen ist der Kopf breiter als am Fang, der kräftige, sauber modellierte Kiefer hat; die Nase ist schwarz oder entspricht der Gesamtfärbung, d.h. blau bei Blauen, rotbraun bei ebenso Gefärbten und zweifarbig mit Schmetterlingszeichnung bei Weißen und Gescheckten. **Augen:** oval und klar, mit lebhaftem Ausdruck. **Ohren:** nach hinten stehend, klein und fein. **Zähne:** perfektes, regelmäßiges, vollständiges Scherengebiß in kräftigen Kiefern. **Hals:** lang, muskulös und elegant gewölbt. **Vorderläufe:** gut bemuskelte, schräggestellte Schulterblätter, deren Spitzen merklich nach oben und hinten zeigen, die Läufe sind gerade und senkrecht, von vorn gesehen nicht weit auseinander, mit kräftigem Mittelfuß und elastischer Mittelhand, die Ellbogen liegen an. **Rumpf:** sehr tiefer Brustkorb, der dem Herz genügend Raum bietet, der Rücken ist breit, fest und mäßig lang, die Lenden sind gewölbt, aber nicht übertrieben, und bemuskelt, machen einen kraftvollen Eindruck; die Rippen sind gut gewölbt, der Rücken bemuskelt. **Hinterläufe:** kräftige und breite Keulen, richtig gewinkelte Knie, die Sprunggelenke tief, die Unterschenkel kräftig. **Pfoten:** proportional zum Körper, die Zehen gut voneinander entfernt und gewölbt, die Ballen kräftig und fest. **Rute:** nicht langbehaart, in einer Spitze auslaufend, in der Bewegung leicht gebogen und höher getragen, aber nie über Rückenhöhe. **Haar:** fein, kurz und möglichst dicht. **Farbe:** gestattet ist jede Farbe und Farbkombination. **Größe:** die Widerristhöhe des Rüden ist 18,5-20 Zoll (47 bis 51 cm), die der Hündin 17,5-18,5 Zoll (44-47 cm).

Herkunftsland: Mexiko

Den Namen eines alten Aztekengottes trägt der Mexikanische Nackthund erst seit 1957, als Pelón (d.h. Kahlkopf) ist er im Herkunftsland aber schon sehr lange bekannt. Funde im ecuadorianischen Valdivia zeigen, daß es kleine Hunde ohne Haarkleid in Südamerika bereits Jahrtausende vor der Ankunft der europäischen Eroberer in der Neuen Welt gab. Durch die Ausbreitung der Valdivia- und Chorrerkultur gelangten offenbar diese besonderen Nackthunde zuerst nach Peru, wo sich eine als Perro sin pelo del Peru bekannte Form findet, und schließlich weiter nach Mexiko. In den vierziger Jahren des 19. Jahrhunderts kam der Mexikanische Nackthund in die benachbarten Vereinigten Staaten, und von dort begann sein Weg in die ganze Welt. In Europa wurde er zuerst 1883 im Hamburger Tierpark von Carl Hagenbeck vorgeführt. Eine weitere interessante Besonderheit dieser ruhigen und geduldigen Rasse ist ihre Hauttemperatur von ca. 40 °C.

Beschreibung: Kopf und Schädel: Hirnschädel ziemlich breit und kräftig, Stop nicht zu ausgeprägt, Nase bei dunklen Hunden schwarz, bei bronzefarbenen kaffeebraun, kann bei gefleckten Tieren fleckig sein; Lefzen bedecken die Zähne vollkommen. **Augen:** mittelgroß und mandelförmig; die Farbe schwankt zwischen gelb bis schwarz, eine dunkle bevorzugt; Ausdruck intelligent und lebhaft, zeigt Noblesse und Ergebenheit. **Ohren:** groß, ausdrucksvoll und elegant. **Zähne:** Scherengebiß. **Hals:** mäßig lang, leicht gewölbt, elastisch, hoch getragen, ohne Runzeln oder Falten. **Vorderläufe:** gerade, proportioniert, genügend lang für einen langen und eleganten Schritt. **Rumpf:** gerader Rücken, Kruppe gerundet, verhältnismäßig breit, Brustkorb tief, bis zu den Sprunggelenken reichend. **Hinterläufe:** von hinten ganz gerade, mit kräftigen Muskeln, breit. **Pfoten:** hasenartig und geschlossen, Krallen bei dunklen Hunden schwarz, bei Hunden mit wenig pigmentierten Pfoten heller. **Rute:** lang und fein, zur Spitze hin schmäler werdend, fröhlich getragen, nicht über den Rücken, kann mäßig befedert sein. **Haar:** fehlt, aber an der Stirn und im Nacken ist ein Büschel kurzer, aber nicht dichter Haare; einige Haare auch an Pfoten und Rutenspitze; das Haar kann beliebig gefärbt sein, oft auch rot bei schwarzen Hunden. **Haut:** glatt und zart, ist besonders an der Sonne ausgesetzten Stellen sehr warm, etwa 40 °C. **Farbe:** einheitlich in einer satten Farbe – Holzkohle, Schiefer, dunkles Rötlichgrau, Leberfarbe oder Bronze, aber möglich auch rosa oder kaffeebraune Flecke; es kommen auch Flächen ohne Pigmentierung vor, nur dürfen sie nicht übertrieben groß sein. **Größe:** Widerristhöhe 13-22,5 Zoll (33-57 cm); Miniaturform: 10-13 Zoll (25-33 cm).

Herkunftsland: Großbritannien

Der Yorkshire Terrier, der zur Gruppe der schottischen Terrier gehört und auch mit ihnen zusammen auf den ersten Ausstellungen in England gezeigt wurde, ist vom Waterside Terrier abgeleitet, einem Jagdhund, den man auf Schadzeug im Wasser ansetzte. Er zeichnete sich durch ein auffallend langes Haarkleid aus, und offenbar führte seine Kreuzung mit dem Skye Terrier zum heutigen Yorkshire. In der älteren Literatur wurde er daher auch Yorkshire Waterside, Halifax Blue Tan oder Yorkshire Blue Tan genannt. Nach Yorkshire gelangte er Mitte des 19. Jahrhunderts mit den schottischen Webern, und hier beendete und festigte man auch seine gegenwärtige Erscheinung. Die Rasse wurde 1866 anerkannt. Obwohl er von den Terriern der kleinste ist, zeigt er sich sehr lebhaft und mutig, mit echtem Terriertemperament. Sein extrem langes, feines Haar erfordert eine regelmäßige und sorgfältige Pflege.